禅·心灵·灵性

如何淡定

本性禅师 著

中国人民大学出版社

·北京·

图书在版编目（CIP）数据

如何淡定/本性禅师著 . —北京：中国人民大学出版社，2014.1
（禅·心灵·灵性）
ISBN 978-7-300-18755-6

Ⅰ.①如… Ⅱ.①本… Ⅲ.①佛教-人生哲学-通俗读物 Ⅳ.①B948-6

中国版本图书馆 CIP 数据核字（2014）第 010372 号

禅·心灵·灵性
如何淡定
本性禅师　著
Ruhe Danding

出版发行	中国人民大学出版社	
社　　址	北京中关村大街 31 号	**邮政编码**　100080
电　　话	010-62511242（总编室）　010-62511398（质管部）	
	010-82501766（邮购部）　010-62514148（门市部）	
	010-62515195（发行公司）　010-62515275（盗版举报）	
网　　址	http://www.crup.com.cn	
	http://www.ttrnet.com（人大教研网）	
经　　销	新华书店	
印　　刷	北京联兴盛业印刷有限公司	
规　　格	145 mm×210 mm　32 开本	**版　次**　2014 年 2 月第 1 版
印　　张	6.625 插页 2	**印　次**　2014 年 4 月第 2 次印刷
字　　数	111 000	**定　价**　21.00 元

本性禅师

本性禅师

1965 年　出生于福建霞浦县

1985 年　出家于江苏常熟兴福寺，剃度恩师为悉明上人

1988 年　受戒于广东韶关南华寺，授戒恩师为本焕长老

1988—1996 年　先后毕业于南京中国佛学院栖霞山分院、北京
中国佛学院、斯里兰卡科伦坡凯拉尼亚大学佛
学与巴利语研究院，获文学硕士学位

1996 年　嗣法圆瑛大师的入室弟子明旸长老，为中国汉传佛教
临济正宗第 42 代、曹洞正宗第 48 代法脉传人之一

1998 年　任福建省佛教协会副会长兼秘书长

2000 年　任福建佛学院院务委员会副主任

2002 年　任中国佛教协会常务理事，同年作为中国大陆佛指舍
利赴台湾供奉护送团成员，护送陕西西安法门寺佛指
舍利赴台湾地区供奉瞻礼

2003 年　任福建省政协常委、省政协民族宗教委员会副主任，
同年作为中国佛牙舍利赴泰国供奉护送团成员，护送
北京灵光寺佛牙舍利赴泰国供奉瞻礼

2004 年　任福州开元寺方丈

2005 年　作为中国佛指舍利赴韩国供奉恭迎团成员，赴韩国恭
迎在韩国供奉的中国佛指舍利圆满回归

2006年　参加第一届世界佛教论坛

2007年　发起、策划、组织"慈航菩萨圣像回归祖庭暨海峡两岸和平发展祈福大法会"系列活动，同年创办福建省开元佛教文化研究所，任所长

2008年　兼任泰宁庆云寺住持

2009年　参加第二届世界佛教论坛，同年当选为全国政协中国宗教界和平委员会委员，并应美国洛杉矶十二家寺院联合邀请，赴美国作系列禅学讲座

2012年　参加第三届世界佛教论坛，同年于斯里兰卡总统府获马欣达·拉贾帕克萨总统亲自颁发的斯里兰卡总统佛教贡献奖，并应中国国务院侨办之邀，作为"文化中国·名家讲坛"主讲人，主讲"中国禅"于新加坡、印度尼西亚、马来西亚

2013年　应邀参加世界佛教徒友谊会于泰国曼谷召开的环保论坛

出版专著：

禅思录：《如何安心》、《如何放下》、《如何自在》、《如何解脱》、《如何淡定》；行脚记：《孤僧万里行》、《踏破芒鞋》、《莲开一路》；译著（中译英）：《佛陀和他的十大弟子》；论文集：《佛教的基本观点》；等。

自序　半座人生

有一次，佛陀说法时，见大弟子迦叶于人群中听讲，便停了下来，与迦叶打招呼，叫迦叶到他身边，他还挪了座凳之一半请迦叶上座。迦叶坚辞，但佛陀还是请他坐，并请之为众说法，此即佛陀分座迦叶的故事。分座也叫半座，比喻前辈请晚辈弘法，也比喻恭请者礼贤下士，予受请者与自己同等的地位，该公案载在《杂阿含经》中。在《法华经》中，也有类似公案，讲的是多宝如来分半座与释迦佛的故事。佛陀曾经受前贤半座，自己又分半座与后辈，说明了佛陀重视弘法，希望重视弘法的传统代代相传。

佛陀教化的一生就是弘法的一生，从初转法轮到嘱咐遗教，浩如烟海的三藏十二部经典，由此而出。可以说，佛教有今天，除了修证的功德之外，重要的是千百年来，有历代高僧大德踏着佛陀的神圣足迹，不断弘法。

弘法的意义，在于使佛法之脉绵延不绝，在于使众生的慧命不断得到解救。法脉不绝，便是正法久住。救人一命，胜造七级浮屠，何况救人慧命。

弘法的对象，并不限于人。其实，在我们的弘法中，在场的就有许多其他的包括六道的众生。因为一切有情众生皆有佛性，皆会闻法。

有人会说：我刚入佛门，或以前从未接触过佛法，弘法内容我听不懂，怎么办？别担心，是否听懂、看懂并不重要，重要的在于是否听了、读了、诵了。一旦听了、读了、诵了，不管你懂不懂意思，皆已入了你的阿赖耶识，皆已种下了佛法的种子，这是个美好的转识成智的过程。你的善业由此积累，你的善果由此产生。见过转经轮吗？轮上有经文，一圈一圈转着，只要一眼望去，也许，你未必看清其文、明了其意，但佛法已转入了你的脑、你的心、你的识，必将转识成智。

我常想，在佛陀涅槃 2500 多年后的今天，我们还有佛法可以弘、可以听、可以说、可以读、可以诵，这是多么难得、多么稀有啊！因为佛陀证法不易，佛陀的上首弟子们结集不易，祖师们取来得不易，历代流传下来得不易！可以说，中国佛法堪称中国化的优秀历史文脉与民族精魂。

"佛在世时我沉沦，佛灭度后我出生。忏悔此身多业障，不见如来金色身。"

"人生难得今已得，佛法难闻今已闻。此身不向今生度，更向何生度此生？"

因此，作为佛陀的内围弟子——僧人们，一定要弘扬佛法。作为外围弟子——居士们，一定要听闻、阅看、念诵佛法。作为社会大众，一定要尊重、包容、理解佛法。

"众生慧命，系汝一人。汝若不为，罪在汝身。"

衲本性作为僧团之一员，承前贤加被，有幸常得半座，很是感恩，当不会忘记自己的身份及义务与责任，但祈因缘常俱足，成就毕生弘法愿。期望与四众同仁共同精进，众志成城。

在中国，关于弘法，有许多有趣的传说，如：生公说法，顽石点头；神光说法，天花乱坠。而佛教，更有许多有趣的经典故事，内容包括：人生非人生的、生老病死的、爱情婚姻家庭的、学业事业的、为人处世的、伦理道德的、文学艺术的、哲学宗教的……种类之齐全、内容之丰富，有如一部百科全书。有兴趣的话，在听我说的、阅我写的之外，大家还可以去查找看看，美妙着呢！

目　录

一、乞丐与阳光

日前，观音诞。

禅门顿开，万千信者，络绎不绝而来。

步出禅悦斋，过铁佛殿，下至药师殿，到了山门。

山门外，道路两旁，卖花的，卖果的，卖香的，卖工艺品的，卖青菜的，卖鞋与布的，仿如一个新兴市场。

此间，还有叫唱的乞丐，或坐，或站，或趴，或伏卧，不同的是性别、年纪，同的是满脸的沧桑。

看到他们，忽然，我想到了自己——

我写文章或署名时，常用"比丘本性"。这"比丘"，是梵文 bhikkhu 的音译，土称"乞丐"，雅称"乞士"。乞什么？上乞佛法，下乞俗食。乞法为入道解脱，乞食为资身活命。在佛陀时代，僧人不事劳作，不作炊饮，乞食为生，一心为法。在

《大智度论》中，就有说："云何曰比丘？比丘名乞士，清净活命，故名为乞士。"

我想，乞丐与乞士，本无不同，山门内的和山门外的，都一样，都是乞，没有贵贱。乞丐与乞士之间，乞丐与乞丐之间，乞士与乞士之间，如有不同，则在于他们的乞之格，或叫"乞丐格"或叫"乞士格"。有的乞得失了操守，而有的却乞得保有品格。

有人告诉我说，西藏街头有位乞丐，向人乞讨一角钱，诗人于坚给了他一元钱，这乞丐便找了诗人皱巴巴的九角零钱，然后，一声"谢谢"，淡然而去，倒是让于坚不知所措。

是的，人生确应如此。即便身为乞丐，也应有所求，有所不求；应有所为，有所不为；应取弃有方，得舍有度。

2011 年 10 月的一天，广东佛山两岁女婴悦悦连被两车碾过，司机皆逃逸，而 18 个路人，视而不见，从被碾女婴身旁逍遥而过。唯 58 岁的拾荒阿婆陈贤妹出手相救。事后，感其义举，佛山市有关部门奖励两万元人民币与陈姓阿婆。而贫苦困窘至拾破烂的陈阿婆却再三婉拒，说"只是做了一件平常事"，说"这不是我自己挣的钱，我拿了心里不踏实"。后来，实在推辞不掉，又表示：把奖金捐给女婴悦悦看病。

拾破烂，虽非乞丐，但几近了。但拾破烂的陈贤妹，却有超出拾破烂者，甚至那两个司机及 18 个路人的操守与品格，实在令我感慨万端与敬佩不已。

作为比丘，靠佛陀大树之荫，我们饭来张口，衣来伸手，但我们一定不要忘了，口张大小要有方，手伸长短要有度。"佛门一粒米，大如须弥山。"口张得再大，手伸得再长，如何吞咽？如何承受得起？"三心未了，滴水难消。"这话，没有听说过吗？

以另一乞丐的故事，作为本小文的结尾吧——

一乞丐于墙角悠坐着，一善人见之，起怜悯之心，走过去，准备施舍金钱与食物给乞丐。乞丐感谢善人的好心，但婉拒了他的施舍，并客气地对他说："请您让开一些可以吗？因为您挡住了我的光线，我需要阳光！"

二、佛法不是谋略权术

　　身居榕城，耳濡目染，慢慢地知道：福州的几位大富人家都虔诚奉佛，例如，林绍良家族捐建福清弥勒岩寺，郭鹤年家族捐建福州开元寺、福州慈航寺，曹德旺家族捐建福清灵石寺、福清高山香灯禅寺，黄如论家族捐建福州万佛寺。

　　近来，又听说，世界的大富人家，也不乏虔诚事佛的，如香港的李嘉诚、美国的乔布斯等。

　　也因此，有文章分析，这些大富人家之所以富，是因为得力于佛法的智慧。也就是说，佛法教给了他们生存挣钱的智慧。

　　这些分析，不管是否高见，说实在，我不太在意，更不以为然。我总认为，佛法，应是教人生活的智慧，是生活的佛法，而不应是教人生存挣钱的智慧，不是生存挣钱的佛法。佛法，它的真正宗旨，应体现在教人如何过得自由自在、欢喜欢乐、无忧无虑、无畏无惧、无烦无恼、幸运幸福、超脱解脱。

　　说到信仰原因，我也交往了一些成功的商业人士。他们常常告诉我们，现在他们关心的，不再是如何生存挣钱的问题，而是如何生活、如何生活得更好的问题。他们的许多人，已把商业王国交给了第二代或第三代，而今他们多忙于做企业文化，或自己充实知识，或周游于中国和世界。

　　佛法，毕竟不是管理学，或经济学，虽然它有其中的成分或元素。我们应当让当今的佛法，着重关切人们的生活，着重引导人们生活的态度。这，不分富人或穷人。

　　其实，福州如曹德旺也好，美国如乔布斯也好，他们奉佛、事佛、崇佛、敬佛，求的也就是解决如何更好、更有意义地生活的问题。佛法，为他们带去了心灵的平静、灵魂的超越、价值的彰显、道德的提升，更直接地，就是生活品质的升华。与这些相比，生存挣钱的问题，我认为，已无关紧要、无足轻重了。

　　近年，因应市场的需要，佛教界萌生了一种将佛法作为谋、略、权、术来讲解传播的风气，甚至成了某种趋势。我想，这是一种本末倒置的弘扬方法，偏离了佛教的根本理念、精神与用心、用意。要知道，佛家，就是佛家，不是其他。为了正法久住，我们应予以及时提警与纠正，这也正是本人写这篇小文的初衷。

三、作客不如归

俗话说："居家千日好，出门时时难。"

因为居家，是主人，出门，是客人。

在此世间，我们多数人都是客人身份，虽然所处时空各异，但都是在客栈、在路上，不着乡土，不着家。

对这些迷途浪子，历代祖师总是如慈母，苦口婆心地教诲和呼唤：孩子们，回家吧！

当年，黄龙慧南禅师就说：后世的子孙们，不肖啊，祖宗的田不耕不种，荒废了；他们向外驰求，就是有些见解的，也尽是浮财不实在；所以，作客不如归家，多虚不如少实。

其实，佛陀早就告诉我们，我们有佛性，是未成的佛，将成佛，我们本是自己的主人。此身是寺，我们则是寺中主。我们无须外求主人翁。今天，我们之所以还是凡夫，尚为客，只是因为我们还没有积极通过有效的方式，去除佛性上的贪嗔痴之尘。佛性，因此被蒙，不得尽显。

从客与主，我想到了生与死。

人生之生，如寄。生，只是生命长河的一小段。生，在此世间，仿如客居。生，没有根，一风便被吹去。即便如此，我们为了生，为了生存，为了生活，为了生的整个历程，却倾尽了一世的精力。而我们却忽略了，生之外，还有死，就如客之外，还有主。

人的生，是很短的，死，才长久。客，是短时的，主人，才永远。生此一世，之于死之千年万年、千世万世，微不足道，就如一粒沙尘之于恒河。我曾立身泰山之巅，就觉生如我，而死如苍穹与群山，主客立辨。如果我们弃主就客，实为本末倒置，起码也是不够平衡。为此，为了生得好、生得长而努力之外，我们还是要，也一定要为了死得好、死得短而精进。

什么叫死得好、死得短？每个人都会有百年之后，死，是人的必经之路，是人必须面对的客观现实。曾经，印光法师书"死"字挂床头死参，就是要参出其中奥妙，从而解决死得好、死得短的问题。有人临命终时，心不颠倒，意不贪恋，也没有慌乱、畏怖，只是住心一处，求生净土。我认为，这就是死得好了。生前，如还能依佛所教，诸恶莫作勤修戒，众善奉行勤修慧，自净其意勤修定，从而积累了功德，有了资粮，那么，即便不得往生净土，也会有个早轮回、好轮回，很快就转世到好因好缘的地方与对象中，而不会永远处于迷茫的中阴飘荡之中，不会直接沉沦，下地狱，永远处于苦楚之中。我想，这就是死得短了。

如果我们无法早轮回、好轮回，死得好、死得短，那么，我们就久远处于客居中，久远是客，久远无法找到自己，久远无法做回自己，也就久远地没有了主人，没有了家。

四、不为明日忧

刚才，来了一位信徒。

她带着小孩，有点忧心的样子。一见到我，就要我帮她提升小孩的学习成绩。她的那种急迫、恨铁不成钢的心情，让我马上感受到什么是天下父母心。

我不专业地建议她：多鼓励小孩、培养他的兴趣、坚定他的信心；多给他创造条件与环境；多给他介绍正面的典型事例，给予榜样的力量；同时，为他，也让他多拜拜文殊菩萨，从大智大慧的文殊菩萨那里得到加持。

事后，我想，古人不是这么说的吗："儿孙自有儿孙福，莫为儿孙作远忧"？

这也让我想到："今日自有今日事，不为明日枉忧愁。"

是啊，明天自有明天的太阳、明天的月亮、明天的山、明天的河、明天的希望、明天的梦以及明天的生命与生活。

我们都赞叹犹太人的聪慧与能力。

犹太人对"一日"的定位，就让我惊叹。他们的一日，是从当天的日落时开始算起，到第二天天亮时结束。有书《塔木德》说：与其明亮开始，黑暗结束，不如黑暗开始，明亮结束。这是多么有境界的话呀。

中国人常说："仁者不忧，智者不惑"、"君子不忧"。

对呀，忧都无须，何况还是明日的。

我虽信仰佛教，但对兄弟宗教也很敬重。兄弟宗教的博爱与宽恕，也令我敬仰。

《圣经》就说：不要为明日自夸，因为今日要生何事，你尚且不知道；不要为明天忧虑，明天自有明天的忧虑。

是啊，今日不知明日事，忧什么？明日不知后日事，愁什么？如果今日就为明日的忧愁，就如今日已有担子，还把明日的担子又搁在今日的肩上，那还挑得动吗？那还不折断腰折断腿吗？

佛法告诉我们，诸法是运动无常变异的，每时每刻，刹时刹那。这就意味着，前念、现念、后念，虽相续，却不同。当我们在热烈地谈论"此刻"时，这"此刻"已经成为了过去。今天，也一样，终将成为昨天。而昨天，是过去时。佛法说，过去的已经过去。

所以，对此刻、对今日，我们有能力担当多少，就担当多少，这就够了。佛教丛林中，选拔执事人员，历来以尽心尽职为好，至于能力大小，不太被看重。为此，对待此刻，对待今天，就如同对待明日一样，我们也无须忧虑。只管活于当下，只管担当于当下，这就好了。

有人说：不伤逝昨日，不忧愁明天。不为明日忧，不为昨日悔。这大概也是这个意思吧。

有一位妻子老担心丈夫驾车技术不精，怕出意外。有一次，要出行长途，丈夫说开车送她，她不放心，不让送，就去坐其他熟练老司机开的车。不料，中途意外，车被撞翻，她也中年逝去。可是，车技始终不佳的丈夫，开了一辈子的私家车，却活到了 90 多岁，寿终正寝。丈夫生前，有人问他车技不好却平安行驶的原因。他说："开车时，不想明天的事，不想下一刻的事，不想安全的事，也不想不安全的事，只注意开车于当下，只小心开车于当下。"

不过，我要特别提醒的是：我说这些，不是要你从此：

"得即高歌失即休，多愁多恨亦悠悠。今朝有酒今朝醉，明日愁来明日愁。"

或者"今朝有酒今朝醉，莫管门前是与非。"

至于在"不为明日忧"与"今朝有酒今朝醉"这两种人生态度之间，如何平衡把握，如何辩证对待，就是另一篇文章的内容了，希望你能亲自去书写并写好。毕竟，如人饮水，冷暖自知，理论与实践的结合，最终，还得靠你自己。

五、冷热两由之

自然季复季，人生年复年。

时轮真的转得太快，不觉间，绿叶又枯黄了。旧年将去，新岁快来。

季节的变换，使天气转寒，同仁们，加衣的加衣，戴帽的戴帽。

刚才，水陆空法会休息隙间，几位小法师为天气的冷热问题争论着。有说，南方好，天气暖热好，又有说：北方好，天气寒冷好。他们都列举出各自的理由，但争到最后，还是莫衷一是，没有一个共同认可的结论。

这令我想起弘一法师与夏丏尊先生的一段对话，时在1925年左右，地点于宁波七塔寺。

某日，夏丏尊先生走访弘一法师，见法师吃饭时仅一道咸菜，便关心地问之："只咸菜，不是太咸了吗？"

弘一法师答："咸有咸的味道。"

饭后，夏丏尊先生见弘一法师倒了一杯白开水喝，又关心地问之："没有茶叶吗？清水太淡了。"

弘一法师答："淡有淡的味道。"

是啊，咸有咸的味道，淡有淡的味道。

同样，北方有北方的好，南方有南方的好，冷有冷的好，热有热的好。何必一定要分出个我上你下、你上我下、你对我错、你错我对呢。要知道，南北各有因缘，冷热各有对机，适者就好，应者就好。其之妙也，在乎一心。

这也告诉我们，在现实生活中，我们不应太主观，不应总把自己的主观意识强加给别人，或总以自己的主观意识去判断客观规律。如果这样，往往与别人的意愿或客观规律相背离。这也正是曾被佛陀批评否定的"边见"与"偏见"。

六、修出魅力来

"男儿自有冲天志，不向如来行处行。"沩山禅师如是说。

庞蕴居士问马祖禅师："不与万法为伍的是什么人呢？"

马祖禅师答："待你一口吸尽西江水，再向你说。"

这些偈语或公案，给人感觉很豪迈、气冲霄汉。

当然，还有给人感觉玄的，甚至有些叛逆意味。

如，不为选官却为选佛的丹霞禅师，却烧木佛取暖。

百丈怀海律师立禅门清规，要求："不立佛殿，唯树法堂。"

大珠禅师说："圣人求心不求佛，愚人求佛不求心。"

赵州和尚则云："金佛不度炉，木佛不度火，泥佛不度水，真佛内里坐。"

这些禅门高僧大德，其言其行，自有其德行、修为、道理、境界，自有其特殊的魅力。我们凡夫，可以会意于心，未必可效其行。

我很欣赏曾点。

孔子与子路、曾点、冉求、公西华等人论志向。当时，曾点就认为，极高明的道是中庸，这是最难，但又是最高的境界。中庸即如佛教的中道、中和之义。对此孔子喟然叹曰："吾与点也。"

作为凡夫，我们的魅力来自哪里？不是高高在上，或低低在下，或极端的前后左右。我们的魅力在于居中，在于做好、说好现实中的一行一言，在于保有一颗平淡、平常、平和的心。

有位豪富女施主问无德禅师："如何才能最具魅力？"

无德禅师告诉她："讲些禅语、听些禅音、做些禅事、用些禅心。"

那么，何为禅语？

禅语即欢喜的话、真实的话、谦虚的话、利人的话。

何为禅音？

即化辱骂的音为慈悲音，化毁谤的音为帮助音，化哭音、闹音、粗音、刺音为微妙音。

那么，何为禅事？

也就是布施的事、慈善的事、服务的事、合乎佛法的事。

何为禅心？

即你我一如的心、圣凡一致的心、包容天下的心、普利一切的心。

这是个非常崇尚、讲究、追求魅力的时代，个人如此，群体也如此。因此，出现了各式各样所谓魅力的标准、行为。我们如谓之魅力，不如称之魅惑或怪异或异端。这不单指世俗界，也包括佛门。为此，当我们今天重温无德禅师的教诲时，是多么地受用，尽管他的教诲，听起来那么平凡、朴素、简单。

七、清风掠过湖面

近来，山居泰宁之峨嵋峰。

因为峰高、山深，气候清凉。在福州，天气炎热，夜无空调则无以成寐。而这里则需盖着厚厚的被子。

昨夜，小雨洗山。今晨，云来雾锁。

走在长长的木栈道上，赤脚与纯木接触，发出生态的声响。栈道两侧，淡淡薄雾中，山花欲绽，野果待熟。

栈道拐弯处，有一湖。斯湖也，大不大、小不小、深不深、浅不浅。湖水一汪，非碧非绿，又清又纯。湖畔老树，影落湖中。偶有清风掠过湖面，阵阵涟漪泛起。

是日，数度湖边徜徉，对此湖，几度心生感慨。上千年来，古寺的老僧是否也经常在此湖边踱步？他们在想些什么？是否有老僧在此湖边悟道？是否有老僧在此湖边许下了什么？

寺中有小僧，乐居山中，晨钟暮鼓，礼佛参禅，有其小而大的一份功德。有一次，晨起，天初白，山初翠，见此小僧湖边盘坐，如小佛一尊。远远望着他，我不敢踱上木栈道，怕小小的震动会惊动他，虽然未必。直至晨曦微露，云光中，他的袈裟随风而起，其行步栈道，如登云梯，欲上青云。

记得，李翱的《赠药山高僧惟俨》诗曰："练得身形似鹤形，千株松下两函经。我来问道无余话，云在青天水在瓶。选得幽居惬野情，终年无送亦无迎。有时直上孤峰顶，月下披云啸一声。"

闲步栈道湖边，我甚至相信这药山禅师，曾经度化于此。

八、轻松过好每一天

佛教的两翼是慈悲与智慧。

智慧，使我想到了山。

慈悲，使我想到了水。

我曾踏足高山，其险峻雄伟，让我惭愧得不敢仰视。

我也曾浮舟大海，其波涛汹涌，一望无际，让我惭愧得不敢远望。

为此，我总在探寻某个地方，其为山与水的交接点，也是慈悲与智慧的交叉点。

也因此，我嗜好山水，总是流连其间。看日出日落，月落月升；观叶绿叶黄，树枯树荣；看潮涨潮退，波息波生。自然的赤橙黄绿，自然的蓝靛紫，给了我很多的启示。既然如此伟大而鬼斧神工的大自然尚且这样，何况我这区区一介书僧——

或命或运。

我很喜欢外国的一则故事：

英格兰国王威廉二世，有一次挥师出兵，刚一出发，便不慎绊倒，跌倒于地。将士一见，大惊失色，以为不祥。但国王却迅速站起，双手捧着摔倒时从地上抓起的泥土，高高举起，高呼道："感谢神，赐予王国，英格兰的国土，现在，就在我的掌中。"这时，大家稍愣之后，便齐声鼓掌高呼。

我也很喜欢国内的一则故事：

北宋时有个才子，人称石曼卿学士。有一次，由于马夫的不当，石才子被马从马背上抖落。这时，马夫非常惶恐，以为才子会大发雷霆，甚至惩罚他。但是石才子却若无其事，从地上爬起来，还幽默地说："还好，我是石学士，不是瓦学士。如是瓦学士，定是摔碎了。"

是啊，国王跌倒了，却拥有了国土；石学士虽摔倒，却不责怪马夫。为什么？我想，他们探寻到了山与水的交接点，探寻到了慈悲与智慧的交叉点。

在这个交接点、这个交叉点，慈悲，便能包容宽恕；智慧，就不计较执著。

这，我相信，就是我们应该而且能够轻松过好每一天的注释，也是理由。

九、吴哥之殇

北国之春，南国深夏。

呼吸着吴哥的空气，在吴哥的山水中行走，犹如触摸吴哥悠远的历史、吴哥幽古的时空。

那些微雨的清晨、微云的傍晚，吴哥的桥，或者说行道，枕着岁月的沧桑。那里，静水无言，但我，却感受出了其中的酸楚，泪与汗。

谁能说，当年，这里没有白骨作垫，不是血肉为浆？

行道下的幽深静水，在我的眼前，映现了千万暹粒勇士的雄姿。他们身穿盔甲、手握剑戟，喊杀声惊天动地，尘土飞扬，遮天蔽日。

有人问我：这条行道，走过了多少人？我回答他，这条道被人走了多少年。他惊奇地问我：为什么其中400多年没人走？是啊，为什么？但确确实实是这样，这就是历史，这就是历史的故事，可以让你一时熙熙攘攘，也可以让你顷刻寂寂无声。

从行道步入吴哥的建筑核心，默默地坐在某个窗口幽古的石上。没有刻意地选择那里，也没有刻意要沉思些什么，就这么待着。陌生游者的相机闪光，似乎提醒我，我该在这里做点什么，才能更圆满地前来，更圆满地走。于是，我也用相机照了一些后无来者的雕刻。奇妙的是，被照的雕像，我与之有着似曾相识的感觉。莫非多少载来，我曾于此出入过？或者，我就是其中的一员工匠？

一殿一殿、一巷一巷、一步一步地行进，我似在打开一朝一朝、一代一代悠远的历史。吴哥的创建者，他是否会想到，是否愿意去想，多少年后，他的生命杰作，他的灵魂丰碑，会是今天这样乱石横陈、乱草丛生？

站在吴哥的最后一殿，回想着最前面的一殿，想象着千百年来，纷纷扰扰于其中的芸芸众生，他们从吴哥获取了什么？他们为吴哥付出了什么？他们都别了吴哥而去，或为尘，或为灰，迹不在，影不留，包括那堪称伟大的吴哥创造决策者。

我不是一个凡事打破沙锅问到底的探询者，更不是一个有求必应的答案提供者。有时候，我常想，问题本身就是答案。

走在吴哥，谁都会这么问：谁的力量成就了吴哥？在我认识的人中，有人说，是政治的力量；有人说，是军事的力量；有人说，是爱情的力量；有人说，是孝心的力量；有人说，源于私欲与虚荣。但就是没有人说，是宗教的力量。带着这个问题，我曾试图寻求神佛的答案，但他们没有给我明确的启示。我只看见，神微笑着，佛微笑着，在日升月落、月升日落间。这没有答案的答案，这不是答案的答案，让我忽然想到，这也许就是为什么，政治，没有保住吴哥王朝；军事，没有挡住暹罗军队；爱情，没有保全嫔妃们的宫室；孝心，也没有使帝王的父母寿命长生、居所不坏；而私欲与虚荣，更没有使吴哥于完好不坏、历久长新。但宗教，做到了吗？宗教，也没有做到。可宗教，事先就告诉了我们这一点：无常永远，没有永恒。因此，宗教，我又觉得，在这点上，它又似乎做到了什么！

此次，陪同我们走在吴哥的，不是导游，而是司机。谈起吴哥的历史，他既自豪，又悲哀。谈到吴哥的今天，他既充满失落，又满怀希望。他没有忘记告诉我，数百年来，柬埔寨的历史就如吴哥的岁月一样，充满火药，充斥着哀伤。是啊，走在吴哥的腹地，没手没脚的人们排在路边，以演奏传统音乐乞讨。据说，他们就是地雷的产物。

别离吴哥回暹粒的路上，望着路边零星的苍老大树，零落的历史遗迹，我在想，虽然历史与时空不可能循环反复与轮回再现，但我还是希冀吴哥那过往的璀璨与辉煌能够回来。

十、大寺，大师

我这前半生，除了读书，就是学佛。也因此，在我心中，有两个地方特别神圣，一个是佛堂，另一个就是学堂。

曾在北京读书四年，虽在中国佛学院，却常跑清华大学、北京大学，既为其人文环境，更为其学术光辉。

2012年2月，清华大学新任校长产生，是年富力强的陈吉宁教授。他在就职演讲中说：大学的根本不在"大"，而在"学"。他提出，办大学要以"学生为本"、"学者为先"、"学术为基"、"学风为要"。

记得，清华大学老校长梅贻琦教授也说过类似的话："所谓大学者，非谓有大楼也，有大师之谓也。"

两位校长的办学精神，可谓一脉相承，焦点集中在：办大学，重在有大师，非重在有大楼；重在学，非重在大。

　　这让我想起我们的佛教及其现况。

　　回归佛陀的本怀，我们会发现，佛教，其本质就是教育。佛陀从成道到涅槃，一生在做的事情，无非就是教育——传教。他随机逗教，因材施教，授业解惑，度化弟子，化度世人。怪不得，在佛教，尊佛陀为大导师。

　　因为佛教的本质是教育，是一种特殊的教育。因此，寺院与大学，就有许多相同、相通之处。

　　考察佛教史，寺院规模大、殿堂体积大的年代，未必就是佛教兴盛的年代。而高僧出，即大师出的时代，才是佛教兴旺的时代。往往出个高僧，即大师，就推动佛教向前一步。如果出个划时代的祖师，即顶级大师，那么佛教的发展，就大大地跨前一段。这些祖师，如慧能禅师、玄奘法师、怀海律师等就是。

　　也因此，我在想，今天，基于佛门现状，接下去我们的发展道路应是怎样？而大学的发展规律，值得我们借鉴。

　　改革开放数十年，今天，可以自豪地说，我们有大寺院了，我们有大殿堂了。但我们底气不足的是，我们缺了大师，即缺了高僧、缺了祖师。

　　为此，今天，我们的当务之急，应是成就造就大师。时代呼唤大师，时代需要大师。大师，是高素质、高品质的综合体，他不会凭空而生。他的出现，除了自身根器与时代生态之外，还需要培养，而且是从一般僧才中培养出来的。

也因此，我认为，今天，我们应把更多的时间、精力、财力，投放到一般僧才的培养上，做足培养一般僧才的工夫。有了这牢固的基础工程，才有可能缔造出金字塔尖。这培养，一方面是自我培养，即自我努力，另一方面就需要佛教界为他们创造出好的条件与环境。这条件与环境，包含学习、修持、研究、弘法、管理等方面。

这就启示并提醒我们，今天，我们应赶快将旅游的佛教，转向到文化的佛教；应赶快从文化的佛教，进入到哲学的佛教，最后再提升到或还原到信仰的佛教。如此，我们的佛教大师，自会御时代风云，应运而生。

十一、心不外求，意不外驰

当年，慧可请求达摩为之安心。达摩要慧可取心来，以便为之安。慧可取心，了无可得，达摩因此为之安好了心。

在此，心以了不可得而安，即以无心而安。

心安很重要。

心安则身安，心安则家安，心安则国安，心安则世界安。

达摩的安心之法，是好，是高超，是一种境界，但适用的是再来人。凡人羡慕的多，谈论的多，要学到口、学到心，直至落到实处，则很难，实在难。

不过，难行能行。

有同修体会说：要安心，先要失望、绝望、灰心、死心。不知他要灰什么心？死什么心？失什么望？绝什么望？

又有说：要安心，先要看破、放下，然后自在、解脱，这样才可安心。难道不是这样的吗？

还有说：要安心，先得无念、无相、无住。这当然，不过该如何达到无住、无相、无念呢？这三无本身就是微妙无极的境界啊。

经典也告诉我们：要安心，还可以由安住于空而达到。空，既是虚幻，又是无常，更是寂灭。对，理当如此啊。

我对安心的体验之一，则是：心不外求，意不外驰。也就是，心内求，意内守。外，太多、太杂、太乱，太容易让心为之转、意为之迷。禅宗强调：莫向外求。有禅诗云："佛在灵山莫远求，灵山只在汝心头。人人有个灵山塔，好向灵山塔下修。"这说的该是同一味吧。诵《心经》时，对其中的"不生不灭，不垢不净，不增不减"、"心无挂碍，无挂碍故，无有恐怖，远离颠倒梦想"颇有感触，总以为，其是心不外求、意不外驰之极致。古语也说："一动不如一静"、"既来之，则安之"。静了，安了，方可见：青空无云，水潭无月，人间无踪，明镜无影。这不正是吾等忙来忙去，不安来不安去，要寻觅的吗？

如何心内求，意内守？祖师说："该诵经时诵经，该禅定时禅定，该吃饭时吃饭，该睡觉时睡觉。"

原来，安心，这么简单啊。

十二、享受过程，留住时空

时间，无始无终。

空间，无穷无际。

我等凡夫，对待时空的态度，无非三种：（一）要求快点；（二）要求慢点；（三）随之去吧。你在行路，急性人必催促着你；慢性人要你悠着缓点；心境平和的人，随你快慢，无所谓。

今天，走在路上的皆是行色匆匆之人……

人生苦短，别去赶时间。赶时间，推着时间过去，拖不回。时间的快过，也令人的生命快过，多可惜。无所谓的态度，似也不好，这样，我们自己的意志在哪儿？

不同于先前，如今，我对慢着来慢着去的时空观产生了兴趣。

人生总有许多事情要做，永远也做不完。因此，要为自己的生命留点空闲，留点时间，留点空间，留点过程。过程，及享受过程，本身就是要做的最重要的最大的事。再说，有形身心的运作快慢，永远只是相对的。快能快到哪儿去？慢又能慢到哪儿去？1小时完成100或120计件，有多大不同的意义？因此，无须为此挣扎、计较。

有年轻人在等恋人，见之迟迟未来，急了，生气了，骂时间怎么过得这么慢。听到骂声的时间之神便安排他进入梦幻中快速的时间通道：他一进入，时轮飞转，他与恋人一下子就见面了，一会儿就生儿女了，接着而来的就是老、病、死了。梦醒后，他冷汗一身，不再急着要马上见到他的恋人，也不再急着要时间快点到来。

我想，如说要快，要赶时空，也应放在思维上、思想上、精神上，让空间一念三千里，让时间一念百万年，这才快得有价值啊！

为此，让我们好好地享受过程，留住时空。

十三、本自学来还学去

"板凳宁坐十年冷，文章不写半句空"。

做学问，很辛苦。坐得了冷板凳，未必写得出好文章。有人吟得一句双泪流，句不惊人誓不休。前贤作诗在该用"推"字还是"敲"字时，踌躇不定，月下来回踱步，苦苦思考。做学问，很心酸。古代，文人命运多坎坷，杜甫穷极一生，曹雪芹也好不到哪里去，苏东坡屡被贬，李白苦恼到嗜酒如命，醉后跳水而死，除非肯昧着良心，随世俗浊流，背弃学人的品格，弯下学人的风骨。可是，有几个学人愿意那样呢？

"僧家不比世情浓"，但僧情似乎也不异于世情。许多出家小师父有志学习，只是学了以后，无处可去，没有着落，或有了着落之后，没有用处，颇有枉学之感。也因此，肯去苦学、深学、专学理义的小师父少了，而相反，热衷于管理的则多了。

在佛教，尤其是现今的佛教，从改革开放以来，为重续慧命、绍隆佛种，虽无暇侧重于培养人才、提高素质，但上上下下集中精力落实政策，重建寺院，补充僧员，成效显著，功德无量。以福建为例，现有寺院不会少于 6000 座，僧 12000 人以上，其中规模较大、堪升方丈的一定不下 60 座，此即意味方丈不下 60 位，而堪为住持的僧人定不会下于百人。

我常想，佛教的发展，需要管理人才，也需要学术人才。只有办事的僧与办学或为学的僧有机结合，比例相契，达到平衡时，佛教才会更健康地发展。出家为僧，从南京到北京，从北京到科伦坡，一直以来，我都是学僧一名，有兴趣于究学，缺少管理才能。为人，何况为僧，本该自知扬长避短，可因缘和合，十几年来，我一直在管理的岗位上，勉强为之，滥竽充数，为寺院方丈，为协会秘书长，既误人也误了自己。坐井观天，夜郎自大，我觉得，似乎国内僧界学人本不多，热衷坐冷板凳做学问的僧人更不在多数。为此，真想转身回头，倾力于做学问究理义，既补当前佛教之急需，也算自己烦恼之解脱。但愿能够因缘成就，适时愿成。

十四、我的五一劳动节

僧诗不作红尘赋，自有灵山入心来。

自1985年出家为僧，近半个甲子，不日，又将迎来五一劳动节庆。

中华民族是勤劳的民族。劳动，除了被强迫之外，无论从哪个角度，皆应被肯定。佛教赞叹出坡，许多高僧就是在劳动中开悟。现代社会，享乐风行，往往排斥劳动。他们不知，劳动，本身就是一种健康的高尚的享乐，就如佛家的禅悦一样。

劳动的人，我们称之"劳动者"、"劳动人民"。由于劳动者的因缘各异、心态各异，再加上社会的复杂性、逼迫性，我们的劳动者，无论于何种劳动环境、于何种劳动中，往往心不安宁，情不安乐。于此，又是一个劳动之节即将来临之际，我乐于同诸位一道反思一下，在这娑婆之世，我们该如何对待劳动，该以什么心情进行或参与劳动。或者说，我们应该做一个什么样的劳动者。

我的总结是，该做到五个一，就称为五一吧。涉及劳动，我们一旦拥有这五一，即为劳动之节了，否则，所有的劳动皆是苦劳、愁劳。再者，即便劳动节三天的休息，真为心无挂碍的节庆，那么三天之后呢？

作为劳动者，我们应把所有的劳动之日都作为劳动节。

我之五个一，即五一，也是我为人的五条准则：

辛苦当中，忍耐第一；

寂寞当中，慎独第一；

茫然当中，信愿第一；

平凡当中，随缘第一；

得意当中，低调第一。

早早起来，草此短文。此刻，东方吐白，晨曦微露，就让我衷心祝愿诸位：

如意五一，五一吉祥。

十五、一人已嫌多

小时候，踏足过沼泽地。脚若不及时抽出，便会越陷越深，难于自拔。其结果，危殆矣。

元旦刚过，春节又来。凡情俗事，裹手缠身。虽还能呼吸，却也差点喘不过气来。有这感觉，也许是我修为不深的缘故吧。

晚餐后，踱步观音苑。虽经寒冬，不多的几棵松还是坚持着不落绿叶。新植的，还有旧栽的几株大小桂树，已在结蕾开花。小小花蕾点点，蕴蓄着浓浓春情与春意，看着它们，我心生感慨与感动。

在这地球之上，人世之间，多少山，多少水，多少人，多少事。自然，早就告知我，是山水多，不是人事比例大。我们不能老抛下山水，只沉溺于人事。

有一些过来人，脱缚了生死、美丑、善恶、染净等，意不颠倒，心不执著。他们，看人事，看自然，包括感受，没有区别，没有差别。在他们，春可夏，夏可秋，秋可冬，冬可春，无拘无束。

但有几人，能如他们呢！

我们，根浅叶稀，凡深俗重，境象面前，花是花，草是草，树是树，普为人事转，也因此，淡了初心，忘了是谁。

坐在观音苑松下的小石凳上，眼前浮现出峨嵋峰的松林清影，耳间似乎响起了那松涛的回声。这清影、这回声，让我忽感清明轻松，顿觉自由自在，心中一片清凉。

怪不得，日本的梦窗国师在做国师时，却念念不忘云山水月："青山几度变黄山，世事纷飞总不干。眼内有尘三界窄，心头无事一床宽。"及此，我不由想到宋代止庵守净的禅诗："流水下山非有意，片云归洞本无心。人生若得如云水，铁树开花遍界春。"更有唐代的龙牙禅师说："木食草衣心似月，一生无念复无涯。时人若问居何处，绿水青山是我家。"

真羡慕这几位禅师，多洒脱啊。其实，他我本一同，我本应此身，在此景，何必多此一羡呢？

过几天，或许我又要起程去一个松风水韵月影竹声的地方了。那里，很冷，结冰了，很寒，凝霜了。但那里，很高，与天接近，很清很蓝，没有黑云遮眼，哪怕彩云或白云。在那里，搜出灵魂清洗，如有不洁，则扔入江河冷冻，让自我享受冰裂般的疼痛，然后静静地等待日出，流水涓涓，温暖如春。

天黑了，寺之暮鼓响起。

讲个佛窟惟则禅师的故事作结尾吧。

禅师结草庵，过着吃野果饮山泉的日子。

一樵夫问之："禅师，您住在这里多久了？"

禅师答："大概四十寒暑。"

樵夫问："只您一人在此修行吗？"

禅师答："一人已嫌多，还要多人干吗！"

樵夫问："您没有亲人、朋友、师徒吗？"

禅师答："我有山河大地、树木花草、虫鱼鸟兽……"

十六、信、愿、行

学佛，有三部曲：信、愿、行。

先立信，再发愿，接着实行。由此，种因得果，水到渠成。这是我们学佛的成就规律，也是我们为学、从业的进步法则。

佛教说：有信、有愿、有行，这并不难。难的是：信应正信，愿须正愿，行要正行。

信之盲目、愿之不当、行之错误，则会迷身、迷心，从而迷失道路、迷失方向，进而颠倒社会、颠倒世界，以致迷失自己、丢了自己。

信有了，愿有了，行有了。正信有了，正愿有了，正行有了。那么，下一步，便是：信要坚，愿要宏，行要大。

也许，时空原因吧，古人多纯朴。他们，忠实、忠诚、忠义。为友情，一诺千金；对爱情，死心塌地；对信仰，至死不渝。这些，很是感天动地。

坚信、宏愿、大行，在信仰上，其功之大、其德之厚，不可思议。我们经常念四宏誓愿："众生无边誓愿度，烦恼无尽誓愿断。法门无量誓愿学，佛道无上誓愿成"。有语曰："死而复生"、"置之死地而后生。"有典故谓："破釜沉舟"、"背水一战"。这些，都在直接或间接地点明坚信、宏愿、大行的妙义与妙用。

有个故事：三宝弟子李阿大，坚信于寺院的观音殿礼拜观音圣像七万遍、诵念观音圣号四十九万遍，接续不断，便可见得所礼所诵之观音显身。在阿大即将圆满宏愿时，忽发洪水，观音殿墙倒像塌。当时，殿内人纷纷奔出殿外逃生，唯阿大坚守不完成自己的大行绝不离殿的初心。阿大，因此被淹溺身亡。人们对此议论不断：有人说，阿大笨愚，不知夺路逃生，徒作牺牲；有人说，观音不灵，否则早就伸手拯救；有人说，阿大礼拜诵念观音的次数还不够，故未得感应；有人说，也许阿大自救，观音才会救他。

关于阿大，无论如何，我特欣赏他一点：不达心愿誓不罢休死不罢休的精神。阿大为了完成自己的誓愿，明知艰难，甚至危险，却破釜沉舟，背水一战，不计较，不逃避，不权衡，不放弃，不借口，不畏惧。泰山崩于前，同样从容淡定，置过未与生死于度外，不移志趣，不异目标。甚至，哪怕真的坚信错了、宏愿错了、大行错了，也在所不辞，也在所不惜，从而信得愿得行得彻头彻尾、彻骨彻髓、彻彻底底，亦明明白白、无怨无悔。

但是，阿大真的信愿行错了吗？我认为，没有。桶底不脱落，想从桶底看天，很难。除非桶中有净水。如得桶底脱落，天已在桶中。

在李阿大溺水身亡三年之后，因大家感动震撼于阿大的精神，观音阁及寺院被神速地重建完成，观音阁更庄严了，寺院规模更大了。在阁中，多了一尊圣像，那是李阿大的雕像。其前，香火鼎盛，瞻拜者络绎不绝。礼拜过的人都说，非常灵验。后来，李阿大成了该寺院供奉的著名护法神将。

十七、借宿人生

稍早前，经济不发达，旅店不多。许多人出行，夜幕降临，多借宿人家。僧侣，更是如此。

借宿，我们自然会想到：此处非久留，只是借住，不是自己的，时时处处要谨慎小心，一声"再见"后也许永远不会再见。

凡尘俗世，娑婆世界，芸芸大众，无非也是借宿人生。

佛陀早就告诉我们：时空无际，无始无终。我们于六道的轮回中，幸生为人，值得欣慰。但这人生极其短暂，一来一去、一枯一荣、一生一死，只是生命长河中的一小段或一个点。

有一些人，由于感知人生借宿，便对人生失去信心与希望，价值之旗因此倒塌，任由生命无序漂流。许多因此撞上礁石，搁浅险滩，令人不胜唏嘘扼腕。

其实，佛陀还告诉我们：虽然人生借宿，极其短暂，但这人生，确是一个极其重要且珍贵的机遇。它承先启后，关乎我们未来生命与灵性的纯洁或染污、束缚或解脱、沉沦或提升。

因此，我们应面对现实，接受短暂，珍惜短暂，于短暂中作有意义的良善的增上创造，以有限创造无限，以易逝创造永恒，这才最重要。

曾经，四祖道信禅师有个年老的俗家弟子，因仰慕道信、崇信佛法，要求道信为之剃度出家。道信禅师让他来生再出家，因为此生他年纪太大了。这位俗家弟子一听这话，便去找一位正在洗衣的姑娘。

俗家弟子问："姑娘，你家可否让我借宿？"

洗衣姑娘答："我要回家问父母。"

俗家弟子说："只要你答应就行。"

洗衣姑娘说："我可以。"

洗衣姑娘声音刚落，这位俗家弟子便即刻坐化往生了。

来年，洗衣姑娘生下一个相貌庄严的小孩。各种因缘下，这小孩长大后出家为僧了，并深得四祖道信之器重，得其传法，成为佛教禅宗第五祖，即弘忍禅师。

这公案也告诉我们一个道理：人生，是借宿，在娘胎，也

是借宿，即便于六道轮回中，一会儿此道，一会儿彼道，也只是借宿。但是，即便借宿，也要好好把握！

　　那么，如何才能不借宿？如何才能有自己的归宿呢？我的禅思系列，或已或将时不时地谈到这些。

十八、心观何处

近日，第五届水陆空法会在进行。诸坛庄严，梵音延绵。众生欢喜，功德巍然。

诸大功德主虔诚善美，感应龙天。衲本性愧为总主法，感恩感动，欣慰赞叹。

为令各大功德主福德俱足之外，更添慈慧，特作此文，以为供养。

水陆空法会，其主要目的之一，便是令众生免沉沦，促提升。

如何免？如何促？要做心的文章，要做身的文章。

佛陀告诉我们：

（一）针对多贪众生，要令作不净观。

如，观身不净。试想，身之生净吗？老净吗？病净吗？死净吗？观身，让人想到，只是秽聚而已。说实在的，我是乐见一棵树，不乐见……这也是诸多禅师最终隐进山林的原因。

多贪众生，很可叹。

比如，史上贪色帝王，三宫六院，多短命，其治理下的皇廷，多朝纲不振，奸臣当道，不少还下场可悲。

（二）针对多嗔众生，要令作慈悲观。

阿修罗本来很美，因多嗔，变可怖。嗔，是拿他人过错惩罚自己。接令人不愉快的电话，把自己电话机摔了，谁损失？对方会赔你吗？其实，这世间，有何值得我们去嗔，是金钱？名誉？地位？情爱？还是什么？这些，缘起是空，最终是空，过程亦留不住，不应成为我们嗔的动因或对象。有人为金钱，成囚徒；有人为名誉，众叛亲离；有人为地位，身心摧折；有人为情爱，跳楼。有金钱，不等于富有；有名誉，不等于道德；有地位，不等于高贵；有情爱，不等于幸福。

一念嗔心起，百万障门开。

多嗔众生，很可惜。

就以情爱为例，我们有位信徒，青年才俊，事业有成，但就是为情爱所困。他爱恋一位舞蹈演员，他说："在乎她吧，想到她每天在舞台上，与各类男舞者近距离接触，心中就不是滋味，就对她产生怨恨心；不在乎她吧，又内心愧疚，觉得她本无过，她对自己是那么好，自己怎可莫名其妙地嗔恨她呢？"

体谅他人，看淡世间，慈悲心肠，嗔便与你无关。

（三）针对多痴众生，要令作因缘观。

痴，主要体现在不能正确地理解、认识、把握、遵循世界与人生的生成、运行、毁灭的规律。痴者，静态地观世界观人生，固执地执著于世界与人生的种种现象。从而，使自己进入迷途，沉于迷境，无法看破，无法放下，无法超越，无法解脱。因缘观的核心是因缘决定生灭，因缘造就沉浮，因缘便是无常，因缘便有苦空。因缘，是我们佛教理念的奠基石。

多痴众生，很可怜。

你看那范进，不悟名誉之空，过于执著，苦苦追求，一旦获得，大喜过望，一下子疯了，让天下读书人一想到他，便心酸无比。

（四）针对多散众生，要令作数息观。

多散众生，心是散乱的，身是不调的。烦躁，就需静定；不调，就需谐和。

数息，是安心安身的好方法、好途径之一。瑜伽法用之，禅法用之，乃至异教也以类似措施安定身心。

多散众生，很可笑。

他们睡不稳，食不香，心乱如麻，一会思这，一会想那，身如热锅蚂蚁，天天上蹿下跳，心身没有一刻安宁。古人为何曰定、曰静？就为了不散。别以为心散点没什么大事，要是在战场上，一念之散，对方的快刀就临颈了。

（五）针对多障众生，要令作念佛观。

为何多障？因为多贪、多嗔、多痴、多散。

贪嗔痴散俱足的人，有什么好方法对治呢？作念佛观，便是其一。念佛，方法虽简单，措施却得当，效果亦明显，功德更无量。念佛，既调身，调口，调意，更调心。念佛，不仅开发己力，更得佛力加持，是一种引外力激发内力、以内力感应外力的好方法，善为上、中、下诸根机的众生适用。

多障众生，很可悲。

多障，几可被称为"五毒俱全"了，当然可悲。

佛经中，有一些多障者，如暴君、贼首、杀人狂，佛陀最终都以佛法将他们驯服。如今，佛陀虽在，但我们多障，就视之而不见了。但是，只要我们虔诚祈求，诚恳呼唤，佛陀还是会感应，我们还是能得救。

念佛一声，地狱火灭；念佛一声，罪灭河沙；念佛一声，福慧俱足；念佛一声，功德无量。

愿：家家弥陀佛、户户观世音的时代，早日来临。

众生无量，无论何种，只要入得以上五种观法，自可免沉沦，自可促提升。

十九、第八场雪

有一种颜色，我很喜欢，那就是雪白；有一种世界，我很向往，那就是：雪白的世界。

雪白的颜色、雪白的世界，纯真、洁净、清爽、静美、良善、令人迷醉，令人崇仰。

儿时记忆中，冬天之临，雪为标志。无雪，没有打过雪仗、滚过雪球，不算冬天。有时，还以陶器装上林树上洁净的雪，作为烧凉茶之用。

年纪稍长，到省外都市就学，尤其之后到了海外就学，就少了有关纯粹的雪的记忆。

今年冬天，由于气候原因，突降寒冷，尤其是高山地带。在泰宁庆云寺，现在下的，已经是第八场雪。

早上，推开柴扉，白中数点绿，绿中数点白，白绿相间，雪原、树、冰凌，构成一个隐遁、飘逸、绝尘、超脱的清明祥和的世界。

庆云寺所在的主峰，1700多米。山高，原净，天晴，风清，空气柔，阳光软。徜徉在山雪覆盖的小径，掬把树叶上的雪，轻轻一咬，身上温润，心中清凉。

于野外，同行的人担心我着寒，催着我往回走。远看柴房，像雪原中一棵叶茂枝繁的树，唯一不同的是，柴房顶上起了淡淡炊烟。其实，半是炊烟，半是室内温度产生的蒸汽。

回到柴房，围坐炉边，数片雪花从僧衣上抖落炉中，幸福感油然而生。这炉旁的世界，没有嘈杂，何其简单，又很温暖，些许的烟呛烟熏，于圣境中带着尘世的温馨，让我仿佛回到了灵山的世界。

曾看禅宗的言语，有"红炉片雪"句。有人以之喻生命之短，如宏德禅师的红炉焰上之片雪飞。而此时的我，却觉得生命永恒，多美好。

大慧宗杲禅师说得妙："桶底脱时大地阔，命根断处碧潭清。好将一点红炉雪，散作人间照路灯。"

廓庵禅师说得也妙："鞭索人牛尽属空，碧天辽阔信难通。红炉焰上争融雪，到此方能合祖宗。"

山上的伙食清淡，午斋时，苦笋数片，豆腐几块，绿叶清汤一碗，木碗质朴，竹筷清新。临斋前，硬朗的木板的敲击声尚未远逝，虔敬的经咒清诵声又起。

斋后，沿着长长宽宽的木栈道，散步到尚未冠名的禅亭中，极目前方，雪山云山，层层叠嶂，相摄相融，气象万千，动人心弦，感人心魄。旁之尚未冠名的圣湖，碧水清澈，倒映着周边树上的雪花与冰花。

悠然转身，回眺庆云寺主建筑大雄宝殿，殿前二匾各书："月来"、"云起"。题匾墨宝为我尊敬的师公、著名高僧圆瑛大师亲笔，在阳光与雪光的映衬下，显得特别光亮与清晰。

第八场雪，给我们带来了一个别样的泰宁庆云寺，那么，会有第九场雪吗？或者，还需要第九场雪吗？

二十、铁树与昙花

在佛家，金刚是很坚硬、神奇的法器。而《金刚经》却说："一切有为法，如梦幻泡影，如露亦如电，应作如是观。"

出生以来，法身不变，遍及法界。色身由童稚至青年，念念相继，念念相异，念念相续，不觉中老了。

人事如此，自然亦不例外。

初到某寺，大门前有两株大榕树，叶茂枝繁，颇有参天之象。不想，近年，人事变迁，一次台风就将之连根拔起，掷倒在地。结果，主人将之一段一段锯作柴火料，而一般的粗枝大叶则被扔进了垃圾场。

昨晚，与该寺一道友茶叙，他刚经历一场水与火的历练。道友说，当他看到冲天的火光、纷坠的梁柱，并脱身无路时，那一刻，他才真正体悟到什么是无常，乃至国土危脆。那一刻，他说，他还要什么？求什么？什么都是负担！甚至，是生命之累。

这让我想起，有一年上长城，同修引话说：长城还在，不见了秦始皇，也不见了他的万世王朝。其实，秦始皇的长城也几乎不在了。现今看到的，多是后建或后修的。

理义虽如此，现实却不这般，因其有诸多幻象，迷惑着人们……

现实中，几个人愿拱手大长城以换小积木？除非他是天真单纯的孩童。但孩童般的大人，现在稀有了。

人的这种有企有求有期有待，使人不得不披着厚甲执着坚盾，佩剑携载，伤人或自伤，累人及累己。小时候，看人钓鱼，叹鱼之傻，有钩的食还去咬，以致破肚裂肠，而今人何异于此？也因此，便有了许多被编织出来的美丽的梦幻故事。其情节起伏，情景浪漫，主角礼义，结局动人。待醒来时，却只有沮丧，甚至痛哭，说那怎么会是故事中的梦幻。

怪不得呢，网络上说：别相信哥，哥只是个传说；别相信姐，姐只是个传说。那么，是否可以这样说：别相信一切有为法，一切有为法如梦幻泡影；别相信一切有为法，一切有为法如露亦如电。

与道友茶叙后，我到寺中的花圃。里面，有铁树，有昙花。据说，铁树千年才开花，这么说来，它可以活上千年了。而昙花，我见过它的开及谢，只有一会儿。在这里，它们生命的长与短真是相差悬殊，但从历史时空去探视，却是那么公平，它们都要开与谢，或者说皆要生与灭。

话无常，说虚幻，但对真谛，人们还是不息地去追寻。因为他们相信真谛的有常和永恒。他们总希望找到蓬勃的生命、返家的路，以及终极的皈依处。就如喜鹊与忧雀的故事：喜鹊一家悠哉在巢中，问忧雀一家为何忧。忧雀答："我飞累了。"喜鹊说："那就飞到我巢里歇一歇吧。"忧雀说："我歇的该是我的窝啊。"忧雀便不停歇，风雨中继续倦飞，直至体力不支，坠入海中。

在有为法界，无常道理是那样天经地义，事实又是如此千真万确。念想之，实在残酷：忧雀，不得不以海底作为最后的皈依地，虽然这不是它的所愿；榕树虽也有欲望，有朝一日成为榕王，但却夭折了；梁柱，也有可能横竖千年，然后，进入博物馆，任凭参观，或被雕成圣像，接受香火，成为神圣之物，不料竟于大火中灰飞烟灭了。

唉，尚在节庆之间，写这些内容似乎太沉重了。

还是，摘几句明朗的古诗词，作为不是结尾的结尾吧：

"众里寻他千百度，蓦然回首，那人却在灯火阑珊处"；

"山重水复疑无路，柳暗花明又一村"；"行到水穷处，坐看云起时"……

二十一、忏悔己身诸业障

佛教有句话：忏悔己身诸业障。

是啊，无量劫数以来，我们必定是身负许多业障。否则，怎么会于日常生活与工作中，逆缘频现，经常事与愿违呢？

从前，有个唯美主义的英俊少年，因为业障现前，他必须在美与丑之间作出抉择。

一个奇丑的公主恋上了他，如果他不娶公主，公主的父皇就要强迫他美丽的故人——一个红颜知己嫁给一位奇丑的男子。为了故人，他作出了不情愿的选择。

为此，他很苦恼。有一次，他向一位老僧请教这苦恼的因缘。老僧告诉他：

300年前，有个唯美主义的英俊少年，他始乱终弃了一个女孩，就因为这个女孩经过一次火灾事故后变得丑陋。英俊少年还另找了新欢——一个如他所愿的美丽姑娘。被抛弃的女孩羞辱悲愤，发出重誓：我一定要生生世世投生为奇丑的女人，终有一生一世，非让你娶我不可。300 年后，因熟果结了。

佛教认为，业障不忏悔，业果难消。就如这英俊少年 300 年前造的业，300 年后还发生着现行。

因此，有业障，一定要心生愧疚，虔心忏悔。

虽然忏悔不能消灭业障，但可以让我们渡过业障的苦海。就如不会游泳的人，虽然不能令大河干涸，但凭舟楫还是能安全渡过大河一样。

二十二、寄禅山水

近期，寄禅山水。

在一个地方，有一方山水，千山青，万水碧，高高的峰，一座一座，突兀于茫茫平原之上，长长的水，多少曲多少弯。穿行山水，多少去多少回。

山水之间，有一古刹，几块素砖，几片素瓦，几根素木，几尊佛像，几本经书，几位僧人。早餐，油饼，油条，莲子粥，豆浆。晚餐，黑米饭，罗汉菜，榨菜清汤。主事的老僧，好慈悲，好纯朴，会念经，会持咒，却看不懂字。他以最大的热情来接待我这个来自远方的客人，甚至希望我给他推荐几位读过书的年轻僧人，以便有人接班。隐身其中，与之为友，身心轻松，其乐融融。

上午，老僧叫了小僧作陪，去作漂流。舟行山中，人行水上，山在水中，水在山中，山水相映，影影相叠。好一派静谧的山水，因为有了人与舟，显得更灵气更灵动。一路山一路水，一幕山一幕水，似乎绝美景致没有尽头。隐于其中，我忽生是念——愿我能老死于斯。

前期，忙于杂事，身心俱疲。身心会疲，也许是我修持功力不够。一身袈裟，却如工头，要忙于基建，又如掌柜，要应酬各等俗务。想想，也自觉有些难能可贵的幽默。而今，置身此间，山水都懒得来相问，身是身，心是心，身又是心，心又是身，身心俱融，身心相忘，身心俱失于山水之中。

回到古刹，老僧问道："山水如何？"我说："山水虽好，何如老僧。"他听了很憨厚地笑了，说："您客气，您客气。"

有一老僧的居家徒弟，亦好客，与我聊及当地风土人情，说前几年，就在这不远的地方，山洞之中，发现十一具人之骨架。洞口，是一间一般的平房，一农人在那里养鸡养鸭。事后查知，那些死者都是那个农人诱骗到那里杀害的，死者尸身还被切剁作为鸡鸭的饲料。听此一说，我是倒抽一口冷气，觉得背上有点发凉。如此山水之间，怎么会有如此残忍与肮脏的事情发生呢？如果这样，这世上哪里还有慈爱与干净之地。

黄昏时节，踱步到寺后峰间，远望青峰错落有致，碧水透迤。我想，如果山水有知，对这十一人遇害之事，会是如何感受？会作如何深思？

　　可怜人已去，可悲事已往，水依旧碧，山依旧青，水依旧在流，据说，山也依旧在长。

　　我想，我们佛门的千秋香火也一样，无论我们是沉香，是檀香，还是什么香，都会一如既往地在红火地延续，不会因为我们火点的大或小、香的浓或淡，而受到什么影响。虽然如此，但我岂能因此不求作檀香，不求作沉香呢？正如山，不会因为山的高峻而不再成长，正如水，不会因为水的长劲而不再奔流。

二十三、近乡情更怯

近期，也不知进入几月份了，天气这么炎热。

禅家说：心静自然凉。凡夫如我，谈何心静。

乡友阿明从业榕城，几次呼我旧时名，宛如当年那溪边的老婆子。热情如这天气的他，说要集几位在榕的乡友，返乡看看，寻寻旧迹，一聚南北西东。

"为道莫还乡，还乡道不成。"马祖禅师如是说。阿明的数度动员，让我何忍婉拒。

记得，初次自松城往榕城，倚仗班车，颠颠簸簸，七八小时。一路山，一路弯，一路水，一路曲，一如当时未来的前途。而今，乘坐高铁，行如风驰电掣，一个小时即可到达。

杜甫有诗曰："白日放歌须纵酒，青春作伴好还乡。"

自初次离乡，至今已近三十载。现在，早已青春不再，更是无心纵酒与放歌了。

路在变，车在变，故乡的山水不变。滨海道上，视野依旧宏阔，前景依旧浩瀚无边。依旧是石奇峻、树苍老。依旧是山在水中、水在山中。依旧是涛声激越、笛音缠绵。

"家在闽山东复东，其中岁岁有花红。而今再到花红处，花在旧时红处红。"怀浚禅师的示法诗，到如今我都未能悟透。但愿，此次回到闽山东复东时，会有些许的共鸣。

"近乡情更怯，不敢问来人。"古人这么说。

跨过古老的小拱桥，走进深深的小巷。那老宅旁的新竹，不知何时长出。它的摇曳，是否因为旧时的风？凝望苍苔古井，新水映旧人，不知新水可知旧人的模样、旧人的容颜？

走到村口，有山路，可登丘山；有水路，可舟海上；有公路，直达街市；有巷道，直通老宅。

还是神照上人说得好啊——"处处逢归路，头头达故乡。"

二十四、只缘身在最高层

有诗曰："不识庐山真面目，只缘身在此山中。"

又有诗曰："不畏浮云遮望眼，只缘身在最高层。"

胸襟决定宽度，思维决定深度，视界决定高度。

佛慈广大，加持于我，无德无能，却皈依者颇众。今日，观音诞。300 余新皈依者中一位善女问我："值此之世，众生根基浅薄，听说，只有净土一门好度，是否如此？"

在此世间，手之五指有长短，地之山岳有高低，佛法当然也有优劣——此见，走了偏锋，其刃之利，足以伤人。

其实，我要告诉大家：

佛法无优劣，佛法无好坏。

佛法乃佛之法，佛陀亲说，佛陀亲证。佛法皆殊胜，佛法妙皆同。

　　佛法如有优劣好坏之分，宗派如有优劣好坏之分，那就等同于佛陀拿左手打右脸，拿右手打左脸，那就等同于这佛法打那佛法，那佛法打这佛法，那就等同于这佛打那佛，那佛打这佛。这样，真理就出现二元，世界就没有了真理。这怎么可能呢?!

　　作为信徒，尤其僧侣，看待佛法，要站在制高点，要身居最高层，要从全局俯瞰，要从战略上测度。任何以局部取代全局，以战术取代战略，以低层取代高层的想法或做法，都将使佛教的整体性、圆融性、正确性出现人为的偏差。这将导致宗派之争，进而导致佛教六和精神的破产。

　　为此，当我们要赞叹某一宗派之殊胜时，千万不可贬低其他宗派。记住，只有不对机的人，没有不殊胜的宗派。站在今天中国的土地上，似乎念佛很好、很旺，但是同样的时间刻度上，静坐却流行于南亚，禅修却流行于欧美、日韩。当我说呼吸法很好时，你却说观想法很好;当我说念诵法很好时，你却说礼拜法很好。药，哪个好? 能治病的就好。佛法，哪种佛法不是灵药?! 佛法，哪种佛法不能治病?!

　　我们不能站在自己的角度看他人的问题，不能站在局部看全局的问题，不能站在低层看高层的问题，不能站在战术角度看战略的问题。因此，我们不能只看到自己身边的几个人或一

些人或大部分人喜欢什么，就得出什么结论。要知道，地球很大，不只有中国；宇宙很大，不只有地球；众生很多，不只有人。我们不能以一时的结论作为时间长河的结论，不能以一地的结论作为大千世界的结论，不能以一己的结论作为芸芸众生的结论。

在现实的弘法或实际的修持中，我们对一宗或一法的崇敬、赞叹、肯定，无可厚非，但对一宗或一法的否认，就否认了所有的宗派或万法，就对那一宗那一法的修持者或崇拜者形成了致命的打击，挫伤了他们的积极性，削弱了他们的信心、愿心与行心。有人说："宁动千江水，莫动道人心。"如果这样，就动了道人心。那么，其过有无呢？

二十五、走在半路上

在这世界上，有山峰，有平原，有沼泽，有海洋。

在这些地理环境中，现成的路似曾未见，有的都是后人走出来的，或开凿出来的路。

路，开出来多了，走出来多了，走在上面的人也就多了。有人走得顺，有人走摔了。有人走得开心，有人走得忧愁。有人走了还想走，也有人萌生了另辟蹊径的念头。也有人，因为分路更多了，时常走到十字街头或三岔路口。

而我们走到半途，因为教团的一些人或事，往往会感觉前方的修持之路、成佛之路很遥远，茫茫的，不知有无尽头。

曾经，我们都很自信。当我们迈开步子，便收到了虽然些微却是令我们惊喜的成效。为此，我们很欣慰，也很骄傲，精神饱满地坚信脚下的这条道路，会通向山头、通向岸边，而且无须用太长的时间，也无须用太多的精力。但事实，似乎并不如此。

因此，我们怀疑，是否路子错了？是否方向错了？是否路，本来就不是路？方向，本来就不是方向？但最终，我们的结论是：路子，没错，方向，没错。路就是路，方向就是方向。

唯一的原因，我们要反省的是：信心够了没有？愿心够了没有？行心够了没有？翻开相关的历史，历代祖师，尤其佛陀及诸大弟子，为走出路子，哪一位不是全身心地投入，甚至以生命为代价？我们，做到了没有？

在日常的教务与生活中，我们经常抱怨：我们是如何地起早摸黑，是如何地连三餐吃饭的时间都没有，是如何地有出不完的差；是如何地有接不完的电话，是如何地有办不完的事，是如何地积善而不被理解，是如何地虔奉三宝却招致质疑，是如何地坐禅念佛却尚未明心见性往生净土……而我们却没有好好地想一想：我们是不是在尽心尽力地做这些事？是不是在开心愉快地做这些事？

佛教中有语云："将此深心奉尘刹，是则名为报佛恩。"奉尘刹是要有深心的，没有深心，走起路来，是不会坚定的，是不够耐心的，是不足韧劲的。这样，自然就影响了前行的进程。

　　因此，在修行中，于某些时候，当我们感觉路走错了，以为又走到了三岔路口、十字街头的时候，我们是否应该想一想：不是路走错了，不是方向选错了，而是信心不够、愿心不够、行心不够。

　　在这世上，一旦你选择了要走的路，择定了要走的方向，便不会再有三岔路口，不会再有十字街头！

　　为此，我的同修们啊，无论何时何地，无论何情何况，请不要轻易地说：学佛一年，佛在眼前；学佛两年，佛在天边；学佛三年，佛就看不见。

二十六、从唐僧师徒说起

早年，喜读《西游记》、《三国演义》、《水浒传》、《红楼梦》。从《西游记》中，感诚；从《三国演义》中，感义；从《水浒传》中，感忠；从《红楼梦》中，感情。

出家后，保留了对《西游记》的阅读。有时，还将之与《大唐西域记》对照阅读。从中看到的，不再仅仅有诚，还有义、忠、情。比如，唐僧对释迦牟尼的诚，悟空等师兄弟对唐僧的忠，悟空、沙僧、八戒之间的义，唐僧师徒对佛教四众及其他人员的情。

唐僧师徒各有性格，留心分析，感觉特有意思。他们师徒身上，各体现了一种思想、一种人生哲学。

唐僧，是完完全全的佛教主义者。他讲慈悲，讲虔诚，循规蹈矩，以普度众生为己任，有很强的使命感。

悟空，似个墨家主义者，有侠士风范。他书虽读得不多，学问虽不大，但唯唐僧之命是从，可以为师尊赴汤蹈火，甚至杀身成仁。他不计较粗茶淡饭，不畏路远坑深，不惧妖生魔出，他要的就是一个理字，一个义字。为这理这义，不惜千山万水，上上下下，左冲右突，而兴天下之利，除天下之害。甚至，隐忍着被误解被误会的巨大委屈。这种若为理义，宁可粉身碎骨的豪侠之气，令我感叹、崇敬。司马迁曾这样描述侠士风范："其言必信，其行必果，已诺必诚，不爱其躯，赴士之厄困。"只是今天，这风范者，已是凤毛麟角了。关于侠士，有个非常感人的故事：侠士孟胜率众弟子帮助阳城君守卫城池，兵败。为此，孟胜决定自杀，以向阳城君有个交待。弟子徐弱知道这件事后，急劝孟胜，说："老师您若自杀，于兵败无补，还使墨家思想断绝于世。"听到这一劝告，孟胜很严肃地回应道："我与阳城君，如不算其师，也算其友；如不算其友，也算其臣。这次，我承诺要帮助他守住城池，却兵败了。这样，我如果还苟且活着，那么，墨家就会断送在我的手上。将来想请严师的，不会找墨家；想求贤友的，不会找墨家；想择良臣的，也不会找墨家。"徐弱听后，很感动，豪气顿生，说要为老师开辟死途，说完便自杀而死。随后，孟胜也自杀了。不想，听到孟胜自杀的消息后，他的弟子也纷纷自杀，随师而去，达83人之众，豪气干云，惊天动地。

沙僧，像个儒士，做什么都中庸。他既讲忠、孝，也讲仁、义、礼、智、信。做事诚恳，以德服人。君是君，臣是臣，师父就是师父，徒弟就是徒弟，定位清楚。他认真地履行着义务，却很少要权利。他虽本事不大，却很努力。

而八戒，如道家的老庄弟子。老庄讲求自然，认为，生于自然，死于自然，当然也活于自然，讲求清静无为，无为而治。老庄一派的部分人也因此认为，既然讲求自然，就应随顺自然，想行乐时就及时行乐。为此，他们便鄙弃道德，只想作性情中人。像阮籍，有位美女夭亡，他并不相识，却跑去大哭一场。有家酒楼老板娘是位美人，阮籍知道后，便天天到那里喝酒，醉了，就借醉随意在老板娘身边躺下。像陶渊明，天天是：悠悠迷所留，酒中有真味。那八戒虽本心良善，但是能不为的就不去为。最好，走得慢点，或不要走；想睡时，就睡睡；担子能轻点，就最好轻点；能不去取经，最好别去，免得那么辛苦。他爱吃，爱看美女，爱喝酒。他随兴、随意，归于天真，顺乎自然。从世俗的角度看，很是可爱，却又可气。

佛教有根机说，不同根机，各不相同，无论其在思想上、性格上、需求上，还是品质上。

唐僧、悟空、沙僧、八戒，他们的根机各不相同。比如．

他们的过去、出身就不同，成长的环境也不同。但是，这并不妨碍他们信仰同一种宗教，为了同一个目标，走着同一条路。

这让我想到，现实生活中，往往有一些人以性格不同、兴趣不同、教育不同，没有共同语言，或地位不同、阶层不同、门不当户不对作为理由，导致友不友、亲不亲，这真令人遗憾与痛心。

我想，有差异，才好互补，才会有新鲜与活力产生。再说，人是可以被熏陶与被培养的，差异本身也是可以被缩小的。因此，差异，不是问题；根机不同，不是问题。问题与否，只在乎一心。一心佛，即佛；一心儒，即儒；一心道，即道。一心包容有佛、儒、道，便有了佛、儒、道。一心真理，便是真理。

二十七、日落西方，日出东方

泰山之巅，观日出：日出东方。

泰山之巅，观日落：日落西方。

"登东山而小鲁，登泰山而小天下"，这是孔子的登山体验。"会当凌绝顶，一览众山小"，表达的就是这样一种境界吧。

孔子，生于曲阜，死在曲阜，被称为"素王"、"至圣先师"、"万世师表"，为儒家创宗宗师，代表着中国的传统文化，亦为东方精神文明的象征之一。当然，同为东方精神文明象征的还有释家与道家。

在东方精神文明润泽下的亚洲，近年来，开始风生水起，不仅政局相对稳定，经济也得到较快的发展。中国如此，印度如此，越南也如此。

反观西方，西方精神文明笼罩下的英、法、德及美国，原被称为绅士国家，而今绅士不绅。原为经济发展的强国，而今却有点强弩之末的味道。

2011 年 8 月，刚刚发生的美国财政危机，使美国信用评级被下调，经济处于崩溃的边缘；英国伦敦一系列社会骚乱，死的死，伤的伤，被捕的被捕，烧的烧，砸的砸，抢的抢，其惨烈场面，犹如经历一场战争。至于骚乱者，不仅有穷人，更有富人子弟，包括 18 岁的次年即将举办的伦敦奥运会的形象大使切尔西小姐，她同时还是一位运动健将；德国柏林焚车事件，几天来已有逾 67 辆车于街头被烧毁，以致人心惶惶，担心伦敦的骚乱事件将在柏林重演。

针对美、英、德的事件，一些专家将原因归之为经济问题。但在我看来，关键原因不是经济而是文化，而是道德，亦即西方精神文明出了问题。英国首相卡梅伦 15 日的演说也说明了这一点，他认为连续四天的骚乱，归咎于"不负责任、自私自利、欠缺父母管教、缺乏学校纪律、无功受禄、不负责任享有权利"，为此，卡梅伦发誓，要率政府打一场对抗"道德沦丧"之战。

历来，先知们都认为：社会是需要先进文化支撑的，人是需要纯净道德支撑的。文化与道德是人类社会的灵魂，缺了这样的灵魂，或灵魂出现了问题，社会与人类也就必然要出问题。为此，当我们探寻悲剧深层原因时，岂能避开文化与道德领域，而只在纯粹的经济领域找出路？

本来，东、西方的精神文明，各有优势，但佛教是讲对机的。同一种文明，不同时机，其正面功能与负面功能发挥得就各不相同，效力、效应也各不同。因为对应的时空不同了。西方精神文明，在今天，未必适应西方。但西方精神文明，在今天，适应东方吗？天知道。反之，东方精神文明，在今天，正在西渐，是否适应西方，自有继往开来的历史见证。

中国学与印度学大师季羡林老先生有著书《三十年河东，三十年河西》，其结论：东方在崛起，西方在衰败。对此，我深有同感。

自然界是个很有智慧的哲学家，在我们还在苦心探求答案的时候，他早已把答案示现给我们：

泰山之巅，观日出：日出东方。

泰山之巅，观日落：日落西方。

二十八、半日山居

近日，到福州北峰一片无名的山峦。那里，有一些乐山乐水的各行各业的中产阶级人士，包括几位国外的，扎了些小房子，或石，或砖，或木。

小屋周边，多有一小块地、一小潭水。地上，种些蔬菜、瓜果。潭中，养些荷花、鱼儿。

带我前往的是一位法师，他在那山上也有一处小屋，尚在内外环境的修整之中。

那座山，距我常住的城市有二三十里，海拔高数百米。登高一望，峰峦叠嶂，连绵不绝。

此去，先国道，再省道，接着是乡村公路，最后是一条山间小道。小道两旁，芳草萋萋，有时，间以树林，或竹林，或山涧，或清潭。无意中，我们还看见了松鼠、野兔穿过小道。

　　我们到达山上时，已是下午，转山转水转小屋。

　　当时，去的几家小屋，多无人迹。同往的法师，在那些小屋的墙角屋边门旁，一摸，就变魔术般地摸出了进屋的钥匙。

　　于第一家，我们在里面自泡山上种的茶，品茗；于第二家，我们吃了屋主放在木桌上的大半盒门前自种的土花生；于第三家，我们下了一盘没有胜负的用山上竹子做的简朴的象棋；于最后一家，我们煮了稀饭，摘了点门口的西红柿，用了一顿别样的晚餐。

　　餐后，天已大黑，借着我们几个人手机屏幕的光亮，走了不短的一段山间小道，方到路边的停车处。然后，下山。

　　回到寺中，我在想：人真正需要的，到底是什么样的人生？

二十九、去留自便

历史上的中国禅者，僧的，我特钦佩慧能，俗的，则是傅翁。

这傅大士，有一偈，在我未出家时，便令我痴迷。

偈曰："空手把锄头，步行骑水牛。人在桥上走，桥流水不流。"当时，不是因为识得这偈中韵味，只是描写的场景有如我在乡间的感觉。

有一次，傅大士捕鱼，捕到后，又将装鱼的笼子沉入水中，他的同乡见到后，劝说："这样鱼会逃掉的。"

傅大士则答："去留自便。"

是啊，人生的自在，就在于去留自便。鱼留则留，鱼去则去。去不挽，来不拒。做事如此，生活亦如此。

有联曰："宠辱不惊，看庭前花开花落；去留无意，望天上云卷云舒。"这对联表达的，也是这样一种人生情怀与境界吧。

不过，要达到这种情怀与境界，是要经过一定过程的修炼的，并非那么轻而易举。禅者慧能如此，傅大士也如此。

曾经，有僧迷路，偶遇结庵深山的大梅禅师，就问之："您在这里待多久了？"

大梅答："只见山青了黄，黄了青。"

僧又问："出山的路在哪里？"

大梅答："随流去。"

这位大梅禅师，因结庵的居所已被人知，便迁居大山更深处。

大梅禅师示寂前，留偈八个字："来莫可抑，往莫可追"。

大梅禅师的这种一任花开花落、云卷云舒，一任东南西北、春夏春冬的修为，令我崇仰。

只是不知，今天，还有几人能学到这些呢？

当然，也有不是这样的禅师，比如隐峰禅师。

有一天，隐峰禅师推着土车，恰逢马祖禅师横腿路上晒太阳。他便请马祖把脚收起，让个路。

马祖却说："已展不收。"

隐峰也不让，便道："已进不退。"

两禅师相持不下，最后，隐峰推着车子直接从马祖腿上碾了过去。

被碾的马祖回寺便提了斧头冲隐峰而去，隐峰却将脖子伸得长长的凑到马祖面前。见此，马祖放下斧头，哈哈大笑。

这位隐峰禅师的修为，也是很了得的。禅史记载说：他示寂前，问弟子：见过坐着、躺着、站着圆寂的禅师没有？得到肯定的答复后，又问弟子：见过倒立着圆寂的禅师没有？弟子回答没有见过。他说：那就让你们见一见。说完，便倒立往生。

在这里，隐峰禅师，还有马祖禅师，似不那么相应于云卷云舒、花开花落了，而是：已展不收、已进不退，但他们照样可以做到去留自便、生死自如。

同样，今天，又有几人能学到这些呢?

三十、危机四伏的现代文明

上星期，几位媒体朋友来访。茶话之间，谈及现在世间种种乱象，问我有何感想。为此，特写此文——

世界的稳定与和谐，在于世界有一定的秩序与规律。

近来，有点郁闷。似乎这规律与秩序，正在不断被打乱与突破。

中秋节临来，关于中秋的奇闻逸事也多了起来。有文："天子春朝日，秋拜月。"有诗："举头望明月，低头思故乡"、"海上生明月，天涯共此时"。有传说：嫦娥奔月、吴刚伐桂、玉兔捣药。更有故事：唐明皇携杨贵妃月下游，一时兴起，登升月宫，见上了吴刚与嫦娥。唐明皇还在那里学了半部《霓裳羽衣曲》，后经补充，竟成传世之唱。因不忘月宫之行，每年此时，唐明皇必作月下游。此俗渐而影响到民间，便流传至今。今天，又有新演绎：嫦娥因耐不住寂寞，下嫁给了唐明皇；而杨贵妃因感唐明皇保护不了她，而高攀上了吴刚，让吴刚娶走了。

同时，克隆、人兽杂交的议题也继续在延烧。

英国真是个有趣的国家。曾经，是老牌的强大帝国，而今，又热心于克隆、人兽杂交技术的研究。搞无性繁殖，复制拷贝动物甚至人。19世纪末，英国就以这种人工诱导的无性繁殖方式克隆出了克隆羊多利。我们的护法小猴子，拔根毫毛一吹，就能变身千万只猴子。这神通，让英国人率先做到了。现在，在各国，克隆的猴、猪、牛、鼠等等，纷纷出来了。

不仅如此，20世纪初，英国又在搞什么人兽杂交胚胎的实验，要搞出半人半兽的东西来。曾经，我以美人鱼为美，以狮身人面像为美。现在，我感觉，真要杂交出这些来，那可不是闹着玩的。

报道说，现在，男女性别的自然性，也出现问题了。男性，偏要通过人工变成女性，而女性，也偏要通过人工变成男性。男人要嫁男人，女人要娶女人。

这些打乱与突破自然规律与社会法则的行为，其结果，必将导致稳定与和谐的丧失和破产。

人类及社会是有其相应的道德、伦理、价值和信仰的。这些是基于起码的自然规律与社会法则的。从植物与植物的嫁接，到动物与动物的克隆，再到人与动物的杂交，明显是在违背此法则与规律。那么，下一步，是不是将要开始人与植物的嫁接杂交呢？这些，是在试图改变因果关系——因果律啊，毫无疑问，必将受到因果关系——因果律的惩罚！

站在宗教信仰者的立场，我总认为：以上行为，混淆了神与人、人与兽、男与女的自然界限，以及彼此之间的社会界限。这种混淆，致使人类对神明失去了崇信感与敬畏感；对兽行失去了羞耻感和惭愧感；对人类本身失去了高贵感和难得感；对自然规律与社会法则，失去了应有的尊重心与遵循行。这对社会稳定与和谐的基础，造成了强大的冲击；对人类的健康延续和发展，构成了强劲的挑战。人类社会好不容易继承下来的久远的珍贵文明，如伦理、道德、价值、信仰等体系，将因此面临顷刻崩溃的危险。一旦这种崩溃危险产生，必危机四伏。待得一切因缘聚来，那么，一场人类社会的浩劫便难以避免。

三十一、把握与活在自己的当下

曾在科伦坡四年多，现在很怀念那段悠闲又紧张、平静又活跃的日子。那时一到假期，要么看海，要么看山，间或读书写作，那真是我平生想过的人生。

科伦坡的海，真的很蓝；沙，很白；海滨，很美。那成片的绿油油的椰林，树上悬挂着的金黄色的椰子，望了，就让人眼生清凉、口生津。

椰林中，往往藏着几间土土的房子，多是当地的民族风格。若好奇走入，也会发现，原来是禅修中心，或叫静坐中心。

当然，如果有心到山林，你会看到，有关禅的设施就更多了。

兰卡的禅坐方式，与中国的有所差异。因系原始佛教重镇，兰卡禅修重呼吸法、不净观法、白骨观法等。汉传的参话头、起疑情等，在此似乎未教过。不过，有一点却是相同的，那就是都讲究禅坐时要驻心一处、制心一处，非禅坐时要把握当下、活在当下。

相较于驻心一处、制心一处，这把握当下、活在当下更有现实意义，具有宽阔的运用天地。毕竟，多数人无法天天禅坐一处，更多的人是忙于学习、工作、生活、家庭、宗教等事务。

什么叫"把握当下、活在当下"？

佛教有句话：过去的过去，未来的未来，现在的现在。

现在的现在，所以，要把握现在，活在现在。

这现在，就是我们说的"当下"了。

听说过老妇杀子求子的故事吗？话说一老妇，为添一子，请教某人有何办法。某人告诉她，杀现子去祭天，天便会赐予。于是，她便杀了现有的儿子祭天。以一子换一子，不还是一子吗？更何况，那老妇终未得天之所赐。新子未得，已有的儿子又失去，终至孤苦而亡。这就是未能把握当下、活在当下的苦果啊。

还有个故事，讲一学僧对智常上人的修持方法与生活方式，这也看不惯那也看不惯，还提醒上人，说上人太粗俗。上人问他：粗俗在哪儿？你何时看见啦？学僧答：当下。上人说：你当下不看自己，不看自己当下，看我干什么！学僧语塞，便省悟。

　　对呀，要把握与活在自己的当下，不要把握与活在他人的当下嘛。

三十二、生日三自问

9月某日，我出生。

10月某日，我重生。

重生的那一刻，我剃除须发，身着僧衣，双手合掌，拜在蒲团，认佛陀作父，誓随此生。

每年，于这两个日子，我都会扪心三自问：

我有没有悲天悯人的情怀？

我有没有洞彻人生的智慧？

我有没有奉献牺牲的精神？

我常想：作为一粒不圆满的种子，投到了宗教的良田，我应该发出什么芽？长出什么秆？开出什么花？结出什么果？

对佛陀，我充满了无法言喻的崇仰。佛陀八十多岁时，还在为大千世界的生命尊严，奔波行走，临终，还苦口婆心，作最后的遗教。

这就如对耶稣，我充盈了难以言喻的钦佩。为了世界的救赎，耶稣竟然甘愿被钉在十字架上。

佛陀与耶稣，他们在生命的最后一刻，传达给我们的宗教力量，冲击着我的心怀，伴着我的心跳，震颤不息，震撼不止。

我也想：我终究只是一个凡人，我不能对我的未来作出准确的预测，就如我不曾想过要探出我的过往。

我活在今天！

我活在现在！

我知道我该做些什么！

我知道我在做些什么！

正如——

佛陀启示我们该做些什么！

佛陀知道我们在做些什么！

就如——

我会清楚记得：10 月某日与 9 月某日，是我的什么日子。

三十三、佛教文明的复兴之路

几日前，赴莫斯科与圣彼得堡，感悟西方文明以及马列主义。回国后，参加中国佛教协会常务理事的读书班学习。就新形势下佛教文明的复兴因缘及道路，有了一些想法。探寻中华民族的历史，就会发现一条规律：民族的复兴，必伴随文化的复兴，或民族的复兴，基于文化的复兴。

今天，中国在崛起之中，中华民族出现复兴之势。因此，中华文化的复兴，也就是必然的。文化的复兴，需要延续发扬传统的、吸收消化新鲜的。这在中华文明的历史进程中，有过先例。儒家与道家文化由于佛家文化的到来，变得更成熟、更丰富，最后，佛家文化也融入了中华文化，成了中华文化必不可少的一部分，与中华文化成为一体。中华文化由于吸收消化了印度文化的这朵奇葩，出现了一次新的飞跃。从此，中华文明就意味着儒、释、道三家。

近代以来，中华文明再一次出现飞跃，因为马克思与列宁主义被传入，并指导中国的实践。同时，西方的民主、自由、平等、人权等理念也被传入，受到推崇。所以，如今，当我们谈到中华文明时，仅以儒、释、道三家，是不足以说明与表达的。今日的中华文明，应是儒、释、道加马列主义加西方某些文化的总和。

不成熟的文化与不成熟的政治一样，都有排他性。单一的政治模式，必成一极的世界；一元的文化，必产生文化的独裁。秦始皇焚书坑儒，想搞政治与文化的双独裁，结果不到三代就完了。今天，西方文明想在世界上独放异彩，搞文化独裁，必将导致世界文明的大矛盾，累及世界稳定与和平，导致世界政治的大动荡与军事的大冲突。

因此，要致力于中华文化的复兴，首先要致力于在中华土地上实现儒、释、道、马列主义、西方文明的统筹综合之复兴。这就需要我们有大胸襟、大格局、大气度以及大智慧了。

佛教，是中华传统文明的一个组成部分，而且是重要的不可替代的组成部分。要复兴中华文明，也需要复兴佛教文化，否则就拖了中华文明复兴的后腿。这是棋盘与棋子的关系，是一盘棋与一棋子的关系。

复兴中国佛教，我想，在保持与坚守佛教独立性、特质性、神圣性的基础上，我们要与时代同步，应更具开放性、包容性、创新性和适应性，把圆融的智慧领悟到家，落实到实际。

虽然身在佛门，但我也感受到了：今天的中华民族在进行大转型，中国的社会正在进行大转型。因此，文化也需要进行大转型，与时代相呼应。曾经的印度佛教，进入中国后，中国化了，成了中华文明的一部分。马列主义进入中国后，经与中国的实践相结合，也成了中国式的马列主义。那么，西方的那部分文化连侵带攻进入中国后，今天，成了中华文明的一部分了吗？我要说的是，于现阶段复兴中华文明，还是应考虑以什么内容为主、什么内容为辅。沿着中华文明历史的发展脉络，再结合现实中国的实际需要，我们不难得出结论：儒、释、道与马列主义，应是我们复兴的当务之急。这样，才能保持、坚守中华民族的民族性格、民族精神，而这也是民族复兴的根本。

作为佛教徒，我们不喜欢看到文明冲突，也不希望看到文明一元化。在西方文化来势汹汹的今天，弘扬中华传统的佛教文化，自有其重大意义。在中华文明的再次复兴中，佛教文化也应扮演好其一定的历史性角色。佛教亦应于这中华文明的再次复兴运动中，作出其应有的历史性贡献。

三十四、行路夜雨中

昨天，下了豪雨。

回寺路上，路滑。业障原因，不小心，看差脚下，踏进一个小水坑。脚，拐了。搓揉半天，才活动自如。看来，外伤是需一周半月才能好了。

到了办公室，坐下。我静静地想一想，都怪我自己，走路不看路，看路不仔细。雨下得这么大，天又这么黑，路上多复杂啊，什么情况都可能存在。还好，只是一个小水坑，不然，定要摔成内伤。

不过，再一想，既是路，就不可能都是平坦的。路，有狭窄路，有不平路，有断桥路，有盘山路，有悬崖路……有人为的，有天然的……如果我们时时处处在意，盯着路，岂不太累？为此，行路人还是平常心点好，乐观点好，要跳就跳，要跑就跑，要走就走。如果石要砸头，随之去。天花若雨，洒你，也随他去。人生虽将形化，但总不会永消于无形。生命长河中，必有未来的再生与希望。

听说，明天、后天，都会是豪雨天。看来，我虽无须小心，但最好还是别去走雨天夜晚的路了。

顺便，也提醒一下同修们。

三十五、行禅与行脚

六祖慧能的高足永嘉玄觉禅师曾说："行亦禅，坐亦禅，语默动静体安然。"

因此，体验与体证禅，进入禅定的方法，不单坐，还有行。不单可以坐禅，还可以行禅。

看来，坐虽妙，行也妙啊。

中国古人说："行万里路，读万卷书。"

古代高僧也非常强调行对我们修学的妙用。

禅堂之中，坐一定时间后，便要起来行，在禅堂之内，一圈一圈地绕行。

云水行脚，朝山访师，这是僧人的必修课。

据说，古代僧人行经江西、湖北等，便有走江湖之说。

佛法，尤其禅法，在行之中，我们将得到很深切的体验与体证。如果没有行，没有把自己置身于大自然、大社会、大人生中，那么，"溪声尽是广长舌，山色无非清净身"，"青青翠竹皆是法身，郁郁黄花无非般若"，这样的境界就无法真切地感受了。

曾有拙著《孤僧万里行》，为我多年漫长行脚的记录文字的汇集。我总认为，行脚之中，好修戒定慧，好行闻思修，好息贪嗔痴。因为大行脚，就是大磨难，就是大考验。因此，就有了大心胸、大眼界、大知足、大放下、大淡定、大自在、大超脱，从而大解脱。

玄奘大师之西行、法显大师之南行、鉴真大师之东行，无不是杰出的大行脚实践之典范。

当然，行或行脚，并非就是行禅。行禅的关键在于，行或行脚中，要于任何时空中都具有禅心。这是行脚变行禅的根本与基础。

行文至此，就以拙诗《孤僧万里行》作为结尾吧：

一钵千家饭，孤僧万里行。行脚在，混沌朦胧的婆娑世界，我缘已定。

那万里长空，烟云千重。那禅心如盾，袈裟如风。还有那，清晰分明的行者脚印，由你读懂。

三十六、回到泰宁庆云寺

早早地，赶路，回到庆云寺。

庆云寺在峨嵋峰，峨嵋峰在弥勒山，弥勒山在泰宁。

泰宁，这座精巧优雅的历史文化名城，隔河两状元，一门四进士，一巷九举人。时光流转，今天，它又被冠称世界自然遗产地、全国十大魅力名镇。这里，有世界地质公园、国家4A级风景名胜区。

我与泰宁结缘，因于佛教，因于慈航大师。大师一生，许多时间虽栖在外，但根却在泰宁，泰宁的弥勒山，弥勒山上的峨嵋峰，峨嵋峰上的庆云寺。

峨嵋峰是弥勒山的主峰，因状如四川峨嵋山巅峰而得名，海拔高度1732米，为福建省第二高峰。弥勒山，为福建的母亲河——闽江之源，山中多个山峰状若弥勒，因而得名。

庆云寺，原名峨嵋庵，始建于宋代，为泰宁著名状元邹应龙的祖先捐地而建。位于状如坐姿弥勒的峨嵋峰中一开阔窝地，后倚主峰，背靠天然太师椅山体，左青龙，右白虎。主体建筑安座于太师椅中稍隆起宛如弥勒肚的山坡上，面临天然清澈的圣湖，前瞻双重笔架山。寺之左青龙，为原始森林，老干新枝，郁郁葱葱，无限生机。寺之右白虎，有数百棵百年以上的山茶，多已结籽，硕果累累。寺之圣湖边，是大面积的天然草坪，沿着寺前的山坡延伸而去，间以老树与造型各异的天然盘景石，直至蜿蜒的山中公路。沿路外去，直通保存完好的山中沼泽湿地，其中布满大小水潭近百个；直通原始草甸，草密而浓，山中大型的鸟儿时不时地步行其上；路之两旁，野花与珍稀植物遍布。下山公路直通至弥勒山下及县城，路边是老树、苍岩、悬崖、十万亩竹海、流泉、野禽，还有小小的村庄、淡淡的炊烟。圣湖下，有古坝、清流、卵石、深谷，以及百米三级瀑布飞流而下的轰鸣回声。寺后，山也雄浑峰也壮美，登上巅峰，观八百里闽水赣山，有时佛光交错彩虹，有时千里晴空交错阳光万里。

日已居中，影儿不见，从木屋中徜徉出来。那时，风轻轻、阳光柔柔。脚踏曲曲弯弯的百年古石小路，尽头是苍老的石墙，也该有几个世纪了吧。于墙角，随手可从墙缝里长出的老茶树上摘到上好的茶叶。有记载说，古代这里就有著名的茶园。墙的中间，有扇简易的柴门通向寺院的殿堂。本来，该殿堂无名，自从请来了慈航大师圣像，便有了洪名：慈航菩萨纪念堂。据记载，慈航大师 17 岁时就剃度出家于此，恩师为当时的住持自忠和尚。大师徒孙优昙长老亦剃度出家于此，接引度化他的是大师的高足宗教法师，法师当时在此驻锡弘法。慈航大师身栖大陆数十年，缅甸四年，马来西亚三年，新加坡四年，台湾六年。学承太虚大师，法接圆瑛大师。三度闭关，六年阅藏。专于唯识学，修持弥勒法门。在太虚大师提出的人生佛教思想的基础上，革命性地倡导人间佛教的理念，创办《人间佛教》月刊，以文化、教育、慈善为抓手，致力推动实践人间佛教精神。为台湾佛教院校教育之先驱，并成就台湾首尊肉身菩萨，人称慈航菩萨。佛教界相信他是弥勒应世、玄奘再来。大师生前遗愿：因缘成熟时，回归祖庭。2007 年 9 月，大师肉身舍利分身，在 300 多位海峡两岸高僧大德的护送下，自台湾汐止跨海直航回闽，回归庆云寺祖庭，另有港澳及国外近百位四众弟子前来共襄盛举。当时，大师分身的安座法会，就在该纪念堂举行。

慈航菩萨纪念堂左侧的小木屋，是寺院的斋堂。有时，村里的牛儿来此悠闲，用牛角支开木屋柴门，把我们于寺内自种的刚摘取回来的有机青菜，甚至豆腐食个干净，然后大摇大摆而去。这些牛，口渴的，还到屋外水龙头下的水罐里喝水。牛是有主的，偶尔，也有无主的猴子来纪念堂前我们居住的木屋窗外作客，有一次，放在窗外的西瓜与饼干，被它们无心地借用了。不过，也有让我们担心的事。前一段时间，下了大雪，于雪中，我们竟然发现一路而去的华南虎爪印。谁知道，万籁俱寂的夜晚老虎会不会造访我们呢，毕竟伏虎的经验我们尚未有过。

早些时候，为了建设规划，连续住了几个晚上。夜深人静时，夜朗星明，天高星低，空气清新。除了偶尔的虫鸣鸟叫外，仿佛可听见树与草生长的声音、花开的声音、野果坠地的声音，以及野菇破土的声音。而动物百灵却似乎沉沉地酣睡着，没有了声响。清晰的是，寺院老僧早起自修，小木鱼的脆声从纪念堂自上而下，悠远而来，飘向空中与山间。这种人、动物、植物、山、水……甚至灵性之物之间的谐和，使我忘却自己还在俗世。如果不是福州的芝山与罗山还有法务需要尽力费时，我真想长栖于此。

由于慈航大师分身的回归，有关庆云寺灵异的事迹，也就时有耳闻。慢慢地，来寺的信男信女多了。加上景致无限好，好旅游、探险、休闲的人士也来得频繁了。这给我们增添了压力，因为我得进一步加快寺院基建的进度了。在平整大雄宝殿的地基时，很令人惊异地翻出了一些类似水晶的矿石，不知是否就是水晶。我相信风水，地有气，水有韵，山水有精神，一条龙必有点睛之处，翻出水晶矿的地方正是在山型之弥勒佛肚脐眼处。为此，我们不敢贸然再平整，便将之就地深埋，相信其出现必有深机或玄机。

由于天象和季象的多变，庆云寺、峨嵋峰、弥勒山形成了多样的气候和丰富的景观。这里，再热的季节也清凉，一年到头都要盖棉被方可夜不挨冻，是避暑的好去处。由于地处高山，终年没有蚊子。也许是慈航菩萨怕弟子们对咬人的蚊子起嗔心，便令之不生或远去。秋天到了，满山的黄叶，争艳于金色的阳光。冬天里，地冻天寒，希望有一把永不熄灭的火，融化沉冰积雪。不久前，已是冬天过后，冰、雪却没有商量地袭来。几天过后，弥勒山间冰棒条条，雪糕片片，草偃，竹倒，树折。但也有奇迹出现，当时峨嵋峰上，庆云寺周围数里，却草不偃，竹不倒，树不折，也不见冰棒条条、雪糕片片。雨下来，渗到土里去了，雪下来，化到土里去了，无所受灾，见者无不啧啧称奇。有人说，那是地理环境使然。更有人，再一次把这灵异奇迹与慈航菩萨不可思议的感应联系起来。

现在，庆云寺的修建工作正在持续不断地展开，向广度与深度拓展。寺之立教宗旨是：荣佛耀祖，佑民护国。办教原则是：以佛心纠正人心，以佛道辅正世道。核心任务是：回归信仰，重建道德。因于寺之传统与当今实际，未来，我们要使之成为集严持戒律、苦参禅定、专于念佛于一身的苦行道场，成为佛教基本教义的弘扬重镇、佛教核心理念的实践重镇、佛教青年僧伽的教育重镇、佛教弥勒文化的研究重镇，成为东南沿海的弥勒佛国、兜率净土，成为南北传佛教交流与闽台佛教交流的窗口，成为佛教圣山、佛教圣境，成为以实修实证为主，理论学术研究为辅，既传承历史优秀传统，又锐志适应时代创新的较大规模的佛教圣城。

太阳下山，夜正降临，月亮出来了。明天就是十五，十五的月亮十六圆。但我想，十四的月亮也缺不到哪里去。半夜，起来看皓月行空，银辉撒地，毫无睡意。又是早早地登山，上到峨嵋峰顶，畅观日出。但见日升东方，金光万千，祥云满天，山下的庆云寺，也被辉映得透亮透亮。观完日出，下得山来，踱步在圣湖之畔。湖水冰凉清冽，使于湖畔老树下一块石头上静坐下来，探寻前世、今生与未来，而眼睛探视到的是湖中之人、太阳、树以及鱼与水草的清影。

三十七、"和"字当头，同创未来

　　近期，华人僧伽会议将于印尼召开，会议组织者诚邀本人前往共襄盛举。我因福建的教务缠身，未克前往，会议组织者便邀我作个书面发言。我想，这是件好事，便抱愧写了如下文字：

　　记得，在《阿含经》中，有四句偈语——

　　"此有故彼有，此生故彼生。此无故彼无，此灭故彼灭。"

　　这告诉我们——

　　因缘世界，世界因缘。

　　因缘，意味着互为因果，意味着互相联系。

　　因果的世界，和合共生。

联系的世界，和谐共荣。

因缘诚殊胜，华人僧伽大聚会。回顾过去，展望未来，让人感动，令人欣慰。

佛陀创教伊始，就重视"和"，提倡身和同住、口和无诤、意和同悦、利和同均、见和同解、戒和同修。强调"和"对僧团团结稳定，对佛教延续传承的至关重要性。历代祖师对此六和，更是念兹在兹，奉为圭臬，依教奉行。

因缘，也意味着运动，意味着变化。

古老的佛教，有为法的形式运动变化了，一些人对"和"的教诲，也已淡忘。但实际上，佛教无为法的本质始终没有，也不会运动变化。"和"的精神，今天或未来始终还是僧团团结稳定、佛教延续传承的基石。

首届世界佛教论坛，曾于中国举办。论坛上，三大语系高僧大德们的智慧，凝聚出新的六和精神，即：人心和善、家庭和乐、人际和顺、社会和睦、文明和谐、世界和平。

新六和与旧六和，形式不同，本质一样。旧六和侧重僧团，新六和侧重社会。

现在，华人僧伽同仁又于印尼共商荣佛良策，共议济世妙方。我认为，一个"和"字，对于僧团、对于社会，重千斤，价万担。我们不能不坚持高高举起，我们务必要坚持高高举起。

和合共生，和谐共荣。

让我们"和"字当头，同创未来。

三十八、读书与读书的态度

我在社会学校待了十年，在佛教院校也待了十年，看到读书人，尤其是学生、学僧，特感亲切。

本来，佛教无关"读书"。因为人的"智慧"不从"读书"中来，比如慧能。不过，这世界有几个"慧能"？有几个能"不立文字"？有几个能"不着佛求，不着法求，不着僧求"？像古代有的禅师讲经，上台后醒木一拍案，下台去了，几个能懂，几个能明白？

毕竟，我们多数是凡夫，"智慧"不够。不够，就要"知识"补充。要积累"知识"，就得读书。读书了，才能丰富经验，提高能力，提升素质。

古人论读书，很有意思。

宋真宗赵恒的《劝学诗》："富家不用买良田，书中自有千钟粟。安居不用架高堂，书中自有黄金屋。"

说得有道理吧？

《神童诗》："天下重英豪，文章教尔曹。万般皆下品，唯有读书高。"

说得好，但有点偏颇。

孟子说："饱食、暖衣，而无书教，则近于禽兽。"

说得过瘾，但过头了。

我这半生，关于读书，信奉三条：行万里路，读万卷书；养心莫若寡欲，至乐无如读书；读好书，写好字，争取作好文，当好人，做好事，争取好往生。

读书的意义，大家比我懂，在此不班门弄斧；怎么读书，也不敢关公面前耍大刀。

只与大家在此交流一下读书的态度问题。做什么，都须别人同意，唯持什么态度，只要自己同意即可。持什么态度，之于读书很重要。

我认为，我们要有这样的四种态度——四种人生：

第一种态度，即四学：生活中学、工作中学、修行中学、自然中学。

人生、社会、世界、信仰的宗教，是一本大书，要从这无字大书中读。书本，只是其中一本，不是书的全部，如只在书本，便成书呆子了。

第二种态度，即四大：大心胸、大志向、大格局、大境界。

大心胸才会烦恼无尽誓愿断，大志向才会众生无边誓愿度，大格局才会法门无量誓愿学，大境界才会佛道无上誓愿成。

具备这四大，才有大气魄、大气势、大气度，才能更好地爱国爱教、为国为教。

有此四大，才不致拘于芝麻蒜皮之小事，才会站得高看得远。

第三种态度，即四新：及时认清变革新形势、及时武装时代新观念、及时接受进步新思想、及时适应先进新文明。

就说从录音弘法到录像弘法，从博客弘法到微博弘法，从走路到骑马到坐车到坐飞机，这就是适应先进新文明的过程。这样，才能引领时代的潮头，才能不被时代的潮水淹没，才能既保持传统，又不断创新。

第四种态度，即四实：老老实实、踏踏实实、实实在在、确确实实。

"板凳宁坐十年冷，文章不写一句空"。读书，是蜗牛壳里跳舞，要真功夫，不能弄虚，要务实，要认认真真、脚踏实地，要联系实际、重于实践。梅花只从苦寒来，只有功到才可自然成。如果没有这"四实"，前边讲的"四学"、"四大"、"四新"，就落不到实处，就没有了落脚点。

我本一书僧，更是书呆子，我说这些，仅供大家一笑。祝大家：生命不息，读书不止。学习，学习，再学习，提升，提升，再提升。

三十九、以师志为己志

近日，于浙江普陀山参加全国汉传佛教规范传戒研讨班。于交流会上，代表福建省佛协作《关于福建省佛协 20 期传授三坛大戒法会的情况介绍》的报告。于闭幕式上，代表各省佛协作《只有以戒为师，才能正法久住》的大会发言。

期间，正逢恩师上明下旸长老离我们而去九周年的纪念日。一想到 2002 年 7 月 23 日，神州大地上，一座巨大的法幢折沉，山川失色，我等顿失依靠，心中就充满了无限怀念与感伤。

恩师于我，是再生父母。他老人家，不仅培养我，关心我的深造，还教诲我要走一条有大信大愿大行的弘法利生之路。

记得，有一次，我从北京法源寺到上海，于圆明讲堂，恩师回忆起当年在福建时的情景，尤其对福州法海寺与白塔寺等，如数家珍。在陪他老人家用餐时，他特别慈祥地对我说："单有慧根，还不够，还要有大信、大愿、大行。"他还说："你师公圆瑛大师就是这样做的。"另有一次，我就恩师的中文著作《佛陀及其十大弟子》的英译事宜请他开示时，他给了我许多的教诲。他老人家说："学佛就要学佛的大胸怀、大境界，因此，有国际性眼光、世界性视野是对的。"他老人家勉励我在佛典的英译上继续努力，要为中国佛教走向国际、走向世界尽心尽力，作些贡献。恩师还举了玄奘的译经例子。他老人家说："译经，功德无量啊。"还有一次，恩师到北京主持一个法会，我去广济寺看他，他老人家把信徒送他的苹果、橘子一直往我手里塞，叫我多吃点。他老人家教诲我说："以后做了大法师，不仅要在物质上与人结缘，更要在思想上、精神上与人结缘，不仅要做个有人文情怀的宗教慈善家，更要做个宗教的领袖、心灵的导师、灵魂的引者。"这次教诲对我的佛教人生影响巨大。从此，我明确了我的努力方向——我该做个什么样的僧人。

九年一晃过去了，但恩师的教诲，我从未因时间等原因而稍有淡忘。在今恩师离我们而去九周年之际，谨写下这几行文字，以寄托我的无限思念与感恩。

四十、不负祖国不负佛

仓央嘉措，是一位名副其实的达赖喇嘛。坊间传闻，皆以为他的诗是情僧绝唱。对此，我不敢苟同。

佛教是讲根机与境界的，站在世俗的角度看，站在爱情的角度看，他的诗自然就成了情歌。但当我们站在出世的角度看，站在慈悲的角度看，他的诗便是偈语。

在历代高僧大德中，以看似情诗实为偈语的善巧方法，去示人佛法精神或度人离苦海的例子，比比皆是。

我很喜欢仓央嘉措喇嘛的四句偈语："曾虑多情损梵行，入山又恐别倾城。世间安得双全法，不负如来不负卿。"

其实，在仓央嘉措喇嘛的一首又一首偈句中，他要点出的是：世俗与神圣、入世与出世、政权与神权……的天然矛盾。虽然这种天然矛盾是貌似的，但作为处于矛盾中心漩涡的他，自然深受震撼，深受冲击，左缠右结，无法超脱。这里，要说明的是，对他来说，这是一种示现，示现现象，而非本质，非本质体现。

曾经，佛陀也曾示现生老病死，何况仓央嘉措喇嘛呢。

想当年，青春而聪敏的少年僧人仓央嘉措，本来以他六世达赖喇嘛的身份，担当的应是神圣的宗教领袖的使命，但当时，西藏行使的是世俗政教合一的制度，他被莫名其妙地推上了政治领袖的地位，这是他示现纠缠纠结的总根源。要知道，作为宗教领袖，意味着神圣、出世、神权至上、神权第一；而作为政治领袖，又意味着世俗、入世、政权至上、政权第一。这虽不是两条相背离的线，但起码，总是无法重叠得天衣无缝。

早年，在海外时，我就喜爱看仓央嘉措喇嘛的一些偈语，包括英文版的。他对宗教的坚守，让我敬重；他对政权的愧疚，让我动容。

我想，仓央嘉措喇嘛偈语示现的内容，也正是今天中国，乃至世界各大宗教人士面临的内容：是迈向世俗化，还是坚守神圣化？是积极入世，还是坚持出世？是隐身教门，还是介入社会？

前面，仓央嘉措喇嘛的四句偈语中，最后一句"不负如来不负卿"，应该说，这是全偈的点睛之笔。

这里，我就套用一下：让我们不负祖国不负佛吧。

四十一、给我棒喝

禅，给人的印象是：定、静、柔、和……

但禅门，在禅法上，给人的感觉却又是动与烈的：不是棒，就是喝；不是打，就是骂。

似乎有些矛盾。

矛盾，就是禅法的一种特质。

禅，以动取定，以烈取柔。其实质，还是以柔制烈、以定制动。试想，无论何人心存何种妄念，在没有任何心理准备的情况下，突然被人一棒或一喝，会怎样？当然是：顿时蒙了、顿时愣了、顿时没了妄念，因为妄念被一棒或一喝轰到爪哇国去了。这正符合禅宗之不假思考、不立文字、言语道断、顿悟而明心见性、顿悟而还其本来面目的特点。

禅史上，棒得最有名的是德山宣鉴禅师。有一次，一僧人来见他，刚跪下准备给他顶礼，禅师就一棒子打过去。僧人急呼："禅师，我的见面礼还没行，你就打，我的见面话还没讲，你就打，这怎么行呢？"禅师回应："等你行了礼，讲了话，再打，就来不及了。"

义玄曾说，他在黄檗禅师处，就三度发问，三度被打。

喝，有名的，当数临济禅师了。有一次，临济义玄禅师问一僧人："有时一喝如金刚王宝剑，有时一喝如踞地金毛狮子，有时一喝如探竿影草，有时一喝不作一喝用，你明白吗？"那僧人正要回答，义玄禅师便是震威一喝，如狮子咆哮。那僧人还没明白过来，临济又下一重喝。

当年，百丈怀海禅师更被马祖道一禅师一喝而三日耳聋。

古人形容以上二禅师的棒喝为：德山棒、临济喝。又说：德山棒如雨，临济喝如雷。道得三十棒，道不得也三十棒。喝得喝，喝不得也喝。

俗话说："严师出高徒，严父出孝子。"禅门的棒喝之下，成就了许多的高僧、大禅师。许多学人，因此醒了，转迷成悟，转凡成圣。

今天，佛门也罢，禅门也罢，应用棒喝禅法的禅师少了，经得起棒喝的学人也少了。

我本禅门一衲子，虽根机浅薄，但没有理由不接受雷霆贯耳、醍醐灌顶之喝。于生命进程中，我时刻需要棒喝交驰、当头一棒。

四十二、怎样做个好学生

为延续、发扬佛陀的慈悲精神，福州开元寺于福建师范大学设立"励青奖学基金"。

2011年11月4日，第三届颁奖仪式在福建师范大学图书馆的学术交流中心举行。应林金水先生、王晓德先生、林寿桦先生之邀，与福建师范大学社会历史学院学生作些交谈，予冠之名曰：怎样做个好学生。鼓励他们，无论学习、生活，还是做人、做事，都应该：

（一）要心有大理想、胸有大格局、眼有多视角。

心有大理想：追求、实现理想，如登山。理想如山。高度不同，视野不同，风景也就不同。在顶端，则一览众山小。高山流水与平地流水，风格是不一样的，比如，"飞流直下三千尺，疑是银河落九天。"，"千岩万壑不辞劳，远看方知出处高。溪涧岂能留得住，终向大海作波涛。"有了大理想，就埋入了大理想的种子，只要土壤等适宜，就必将破土发芽、开花、结果。

胸有大格局：有了大理想，心胸要大。心胸大，才能有容。有容，才能深厚。深厚，才有力量。在山顶，胸有大格局，才能看得宽、看得远。虽在山顶，如只盯着自己脚下，鼠目寸光，又有何用。因此，在现实中，别太计较，要看开点，看大点。

眼有多视角：有了大格局，也看得宽，看得远了，但未必能看到背面等。因此，要有多视角、大视角，要看到前后左右上下，甚至看到自己及自己的内在方可。只有全方位观察世界，才能全面或较客观地认识了解世界。知彼知己，才能一切顺利。也只有这样了，我们才不会自傲自慢，或自贱自卑。

（二）要身与心谐和、言与行一致、理与事统一。

身与心谐和：身心是个统一体，生理、心理、思想不谐和，就身心不调。身心不调，身体健康就会出问题，情绪等也会出问题，甚至会影响到思想上的见解与判断。这对学习就不好。因此，作为学生，远离父母，独在异乡，一定要保持身体、心理及思想的健康谐和。

言与行一致：言行一致，很重要，这是一个人信用的体现。如果一个人缺失信用，那么，同学不敢接近，老师会因此而伤心，父母会因此而难过。没有信用，以后走上社会，打拼事业，也会受到影响。一次喊狼来，狼没来，二次喊，三次喊，都没来，这样，听者就会麻木，待第四次喊狼来，狼真来了，需要人帮助时，听者会以为还如前三次一样，是在开玩笑，不会及时来帮忙。

理与事统一，即理论与实践的统一：学习是为了致用，画饼不能充饥。你们不仅要学得好，还要有实践能力、实际操作能力。你们不可以只是考试分数很高，但连被子都不会叠，衣服都不会洗。虽然尚未走向社会，但一定要知行合一。

（三）要坐平处、走宽处、站低处。

坐平处：人生风险很多，社会不可预测的意外很多，因此，我们不得不居安思危，以防万一。也因此，我们要稳健地学习、生活、做人、做事。要低调，要谨慎。不要在坑坑洼洼的地方坐。既坐，就坐稳点，否则一失足成千古恨，一翻船难复百年身。现在，有的学校一些学生，热衷网上交友，在未知对方底细的情况下，就盲目赴约，导致被骗、被伤害，这就是缺少坐平处这一人生态度的结果。

走宽处：走宽处才安全。个人之力是有限的，不注意时，人一碰一推，我们就可能倒，或骨折，或皮破。如果我们走在狭窄之地，下临悬崖或深潭，那多危险。别人的有意或无意，都可能致你摔下。所以，我们一定要选择走宽处、宽处走啊。有的学校的同学上酒吧玩，或到些什么地方，那里面有人在吸毒，他们要同学试试，说：只试一下。同学们不知，就好奇地试试，结果越试越深，终至染上恶习，苦了自己，毁了自己，也影响了父母、学校、社会。

站低处：高处风大，高处险多，虽然高处风光好，风景多，虽然高处应成为我们的目标、志向，但当我们到达高处时，我们就不应还站着，想让自己更高。如是实际需要，也应低调、谦虚、谨慎、平和。你想，在高处站，多危险啊，一不小心，足以粉身碎骨。因此，我们在低处时，或许可以选择站着，但不应于高处时还站啊。一些学校的同学家庭条件很好，上学时，名贵小车代步，满身名牌服装，这好不好呢？我想，不好，太张扬了，有违了站低处的原则。坐名贵小车已够奢侈了，干吗还要把这奢侈推到极致。站低处，纯是为已经很幸运的人设置的。既然已经那么幸运了，就一定要惜福啊。

（四）要自豪于祖国、感恩于师长、友谊于同学。

自豪于国家。这么好的大学环境，这么好的图书馆、礼堂，如果没有国家的稳定、繁荣、富强，哪有这些？所以，谈为祖国而自豪，不是与我们无关的大道理。不信，送大家到伊拉克、利比亚过几周看看。国家兴败，事关我们每个人的乐苦。为此，我们要为祖国今天的初步崛起而自豪，要为祖国的终极崛起而读书。只有为祖国而读书，才是为父母、为师长而读书，才是真正为自己而读书。

感恩于师长：你们到这里读大学，你们的父母为此做出了什么，付出了什么，你们比我更明白。刚才，某同学的发言，也证实了这一点。每一次路过幼儿园，我都看见园外挤满接送幼儿的父母；每一年的高考，我都看见考场外挤满了考生的父母。他们脸上都有共同的表情：担心、期待。

老师之于大家，既解惑授业，又关心着大家的学习、生活、安全、前途等。他们同你们的父母一样，够操心的。我常想，老师是我们的第二父母，学校是我们第二个家，都应是我们一生的眷念。

友谊于同学：上大学，是大家自比较懂事以来，第一次有了较大规模的人际关系。这是你们人生的第一桶金，这金不是钱，而是无比珍贵的财富。你们之间的友谊、善缘，会是你们走上社会后强大的支持力量。毕业后，你是一个人打拼，还是一群人共同打拼，你选哪一个？没有任何人关心的一个人打拼，或有一群人关心的一个人打拼，你又选哪一个？作为学生，相对来说，大家的交往都比较单纯，比较没有功利性。因此，结起的关系，也更具真情、更牢不可破。不要让一点小误会，破坏了你们的友谊，也不要让一点小事情，伤害了你们的友谊，更不要因为你们是天天见天天在一起，而忽视了这种友谊。

四十三、盼着雨过天晴

佛教说："众缘和合"。

近来，雨大雨小，一直不停。江河因之丰润，甚至臃肿。看着水中浊色与渣滓，很是揪心。盼着雨过天晴，即便灰云遮日，也总比这好。

刚才，送走来自灾区的友人，独自行车江滨。想到诗人咏赞的雨水，怎么一不小心就成了诗人感伤的洪水，甚是感慨。由此，又担忧起泰宁山上的庆云寺来。山上的僧众来消息说：山下的路，多处大塌方，有桥被冲垮。还好，上山的路，因离寺近，也因地势高，损坏尚小。但覆巢之下，也非十日或一月可以通车的。

由于山体滑坡，电线杆倒了，山上供电便成了问题。灯，不亮了。手机、电话，不通了。派人上山察看，感谢佛菩萨，山上人员与寺院一切安好。只是，一如曾经的雪灾时期，基建是必须暂停了。食物等，则由人扛着进山，需节省着使用。僧众说，稀饭就花生米，不错的。他说，如有咸菜，就更好了。我听了，鼻子酸酸的。虽然僧人当清贫修道，但我还是为此觉得难过与愧疚。

想想，福州真是有福，受洪水损害不大。看着从上游流下来的洪水，就觉得是从三明、南平那边下来的。我想，此中有一股，也许是出自泰宁庆云寺脚下的。按理说，此水该是柔顺的、温和的，怎么会如此波滔汹涌？

也许，这就是佛教所说的共业所感了！

记得，上午灾区友人来时，似有一丝阳光出来。我以为，天快晴了。可是，没有，还早着呢。望着现在的天，还是雨帘雨幕拉着，不知几重。天，好像真的哭了。

在江滨坐了一会儿后，我默然往回走，心里空落落的，几许不安，几许忧愁，或许还有几多疼痛。一场洪水，几多人一生的经营，包括生命，甚至信念，就这么一下子出乎意料地去了，人类，怎不酸楚？

于此时节，我能做些什么呢？除了祈祷，除了不能失去信念，除了坚信未来，除了耐心等待，除了不失去希望，盼着雨早点过去，盼着天早点晴来，我还能做些什么呢？

四十四、生来就是流浪者

不再年轻，总觉时间过得太快。不经意间，或者说匆忙间，一年又过去了，又一个春天已经来临。

忘却去年，迈着新春的脚步，我感觉，虽脚步还有些沉重，但心中已然欢快。

忙过正月最忙的时间，应同行之邀，客居异寺。那是一处尚是鸡犬相闻的乡野，青峰环列，曲水流经，数叶扁舟泊岸，数位老翁悠然独行。春阳泛着柔光，暖热的天气中透着清凉。山寺建在一座小山包上，间以菩提树、椰子树，并值以香蕉林、甘蔗林。傍晚时分，走在山间小径，好风轻拂，嬉鸟相鸣，有种进入南山桃源之感。

也许，命定流浪。自从懂事以来，学习流浪，工作也流浪，生活流浪，修行还流浪。而今，流浪，成了学习，成了工作，成了生活，成了修行，也成了习惯，并由习惯到了喜欢。我喜欢流浪！

从山间走回山寺时，同行已经备好素斋。清蔬若干，土豆、淮山、萝卜数粒或数片，竹荪和豆腐清汤几许。据同行宣称，这些蔬菜皆种植于山寺周边，并说若我不信，可带我去察看，谓之原生态、无公害、天天然然的健康有机食品。还有各种热带水果，新鲜可口，种类繁多。这让我食与饮之贪念顿生，直至食饱饮足，胃沉肚胀，方才罢休。用完饭时，弦月已起，天朗气清。朗润的清辉下，与同行于亭阁之中，《坛经》一卷，炉香一炷，说法论道，悲天悯人，咖啡浓，茗茶清，直到凌晨时分。

流浪，对于僧家来说，是个传统。玄奘，从丝绸之路流浪到印度；法显，从印度流浪到斯里兰卡；鉴真，跨过海洋，流浪到日本。流浪，让他们成就了道业，也让后人以新的眼光看待流浪，以新的角度审视流浪者。

第二天一清早，晨曦微露，踱步于山寺廊前，极目四野，澄澈无极。寺侧有一莲池，池中莲花含苞欲放。俄尔，不知怎的，有雾起至山脚，数株翠树，宛若长于浮云之上。晨钟清脆，于清扬而悠远中，叩醒了满山的生灵。

我常想，有人身流浪，心不流浪；有人心流浪，身不流浪；有人身流浪，心也流浪；而有人身不流浪，心也不流浪。我生来就是流浪者，那么，我是其中的哪一类呢？

辞别同行，回寺路上，乡间野趣横生。经一渡口，有独庐数间，中有稚童歌吟：不是花仙，仙花满园，不在仙山，仙香满室。稚童歌吟，不正是盛世之福音吗？

四十五、静水清清小鱼游

元宵，终于过去了。

热闹的节庆，有如热闹的心、热闹的身，渐渐平静下来。

忙过一天，天已经黑了，夜空中的几粒星，忽闪忽闪的。

关掉手机，盘腿于禅榻——禅床，我又开始了一场针对呼吸的征战——静定。呼吸，是生命的象征。短促的呼吸，给人生命短促的印象；绵长的呼吸，则给人生命绵长的感觉。

我把注意力放在呼吸上。嘴长呼，鼻长吸。呼时，去感受唇的振动；吸时，去感受鼻的悸动。这种呼吸，不纯是呼吸，而是一种节奏、一种律动，是生命的存在与延伸。呼与吸的延续与递进，其律动与节奏扩展到内脏与全身，直至使心念、心智、心力专注而集中。

心念、心智、心力的专注而集中，并不意味着我此刻没有了知觉，有如一块石头、木头。其实，我在尝试着以眼观呼吸、以耳闻呼吸、以鼻嗅呼吸、以舌尝呼吸、以身触呼吸、以意想呼吸，试图察知呼吸的生命现象与本质，从中感受其色、声、香、味……

通过察知与感受，我觉受到呼吸之流连动着意识之流、五蕴之流、生命之流。随着觉受的深入，生理、心理、精神，如呼吸一样，只是一种迁流而已，这犹如流星划过天空，瀑布由上而下泻，海水前浪与后浪相继，以及彩练不息的舞动而起动的风。

觉受的产生，使我的身心似分离，又似融于一体。但无论是何种，身心已经专注于一境了。这时，我感受到了身心的变化，出现了内在的光点、光线、光流、光面。好像清清静水中，有小鱼在游，可以透视心的活动与身的运动。似乎星星、月亮、太阳、山岳、河海，就在身心中闪动。这使身与心、与天、与地，似乎难于分辨。此时，我似乎觉得，呼吸流停止了，意识、五蕴、生命忽然定格了，止息了生灭。禅悦，由此产生，几乎喷发。

当我收回呼吸，重新感受生灭迁流，亦可谓出了静定时，我感受到了身的平衡、心的和谐、身心的统一。

四十六、写一个自己的人生故事

人生，是由无数的故事构成，就如粒粒珍珠串成一条珍珠链。在这链条中，每个环节，或黑或白，全在于自己的元素。

十岁之前，就具有比较靠谱想法的，这种人不多，何况如我。爬山、游泳、摘山上果、抓水里鱼，就那么懵懵懂懂地度过了。

十几岁时，梦想着成为作家、诗人。为这梦想，轻理重文，苦读十年，养成了爱好文学、尊重文化、敬佩文人的习惯。当然，仅此而已，并无文学成果。

二十几岁时，信愿成为高僧、祖师。为这一信愿，一心投入佛门。修的实践，理的学习，又是一个十年。身入佛门，心入佛门，但还是身未入佛的世界大门、心未入佛的世界大门，佛门还是在我前方开着，就差最后那么几步。

三十几岁时，很具象很具体，决心要成为宗教领袖、心灵导师、灵魂引者。为此，昼也运转夜也运转，修建寺院，安顿僧人；讲经说法，教化信众；乐施财物，济度困苦弱者；著写拙书，反省提升自己。今想来，这一决心没错，用心也好，但刻意要当领袖、导师、引者，似太执著，也颇牵强。领袖、导师、引者，是要他人或后人赐封或评价才算、才对，而非自己决心而决心出来的。该有的态度应是：只管实实在在地去做佛事，只管自自然然地去做僧人。

四十几岁时，我渴求着明心见性、了脱生死。因为我亲眼看到了许许多多有关病与死的事例。我的一位朋友，四十多岁时，意外地死了；我的一位同修，四十多岁时，一病差点被夺去生命；我的一位领导，四十多岁时，重病而死了；我的一位同学，四十多岁时，一病到如今。看多了病与死，确实会使我们加深对人生无常的感悟，从而更多地去思考人生，从而对明心见性、了脱生死的渴求会更加地迫切。确实，人生要解决的问题，这才是根本。其他的，举之似重，实则为轻。

近年，我常想起二十几岁时常对人说的一句话：我五十岁时退休。五十岁，虽尚未到，但已在向我招手。这几年，自我感觉，在年龄上，已非小僧，堪称老衲。到五十岁时，我不知自己是否真的退休了，是否应验了自己的预言。

是啊，只要一期的人生还没结束，故事就会延续，我也一样。我不知道，当我五十岁时，我的梦想又会是什么，是否还是同于四十岁时的，但有一点，我知道，我的人生，这条路，还有许多要走、要跑，无论是长是短。我也相信，我的人生，五十几岁时，即便前面还是那条路，或走或跑，或长或短，也不可能重叠、重复，因为斯时斯地，较之之前，已是不同的因缘，又是一种境界了。

四十七、从海拉尔到额尔古纳

初次到海拉尔与额尔古纳，它们给我的第一印象：非常的海拉尔，非常的额尔古纳。

天地之中，有日与月。这两座小城，就如草原上的两颗星。星间有距，一条金线连起。

从海拉尔到额尔古纳，有数百里。一路上，头顶着蓝天白云，绿水绿草青山青树相伴随。蒙古包是草原上的明珠，而牛羊马是草原牧民们的珍宝。那湖，清澈如草原孩子们的双眼；那河，宽阔绵长如草原小伙腰间的丝带。我们的车奔驰在草原上，就如一首正在弹奏的音乐，或激昂，或舒缓，或清虚，或远淡。行至半途，忽逢甘雨，被洗润了一番的草原，更碧、更绿、更青、更白，好一派洁净，好一派生机。途中，停车留影，袈裟被风吹起，猎猎作响。那万绿丛中的一点黄，写着初秋的点点收获与喜庆。

犹令我感动的是，那羊，那牛，那马，它们是那么地自由自在、无忧无虑。它们在草原上，悠闲淡定地走着、卧着、观望着、吃着草、饮着水。有的还与犊儿相嬉，其乐融融。在这里，没有猎犬，没有猎人，没有弓箭，也没有牧者的鞭子。

如果你不相信——这世上有真善美，那么，你可以从海拉尔一路走到额尔古纳。当你走过了，你对这世界的看法，就会有所改变。

愿我的生命中，永远拥有海拉尔，永远拥有额尔古纳。

四十八、我还是我，你就是你

近日，回乡一趟。有同学二十余载未见，一见之下，几乎不敢相认，都觉变化太大了。如非乡音未改，准以为对方是什么人呢！

这不能不令我想起贺知章的《回乡偶书》：

少小离家老大回，乡音无改鬓毛衰。

儿童相见不相识，笑问客从何处来？

见过同学之后，我到屋后的小竹林走了走。这片小竹林，一见就知是新竹。当年的那些老竹，相信早已被砍伐。今天，或为凳，或为筐，或为扁舟，甚至火里涅了槃。

我想，人生，也定当如此。由少及长，由长而老，由老而朽，最后回到该回的地方，去到该去的地方，新陈代谢，轮回往返，不停不息。

夜幕降临，与同学茶叙。他容颜虽改，但讲起话来的动作表情，还如当年一样；他的兴趣爱好，也还如当年一般。他的雄心壮志，虽已没有再实现的可能，但谈起时，还是那么慷慨激昂，好似这些就是明天的事情、明天的景象。

从他身上，我想到了自己。我也从少年而来，那时，青春飞扬，而今，到了所谓的年富力强。平时，我总以为，我长大了，我中年了，因此，我成熟了，思想缜密了。从他身上，我才发现，其实，我也一样，还是一如从前，单纯着单纯，梦幻着梦幻！

记得多年前，梦幻着从家乡的田园到都市；到了都市，梦幻着从中国都市到外国都市；后来，到了外国都市，又梦幻着回到家乡的田园。想来着实有趣！

不过，说实在，我倒不以此为悲，反而以此为喜。难得我还是我，你还是你，尽管时空已异，山水已移。人生，还有世界，并不缺已被创新发展的东西，缺的是还在保留传统、具有原生态的东西。更何况，还是人的思想、性情！

要回福州时，同学相送到路口，我无物赠别，就讲了一个禅宗的故事，作为赠礼。

曾经，一位茶坊主人向有道禅师请法，并准备供养之。

坊主问："古镜未磨时如何?"

有道禅师答："黑如漆!"

坊主又问："古镜磨了之后如何?"

有道禅师答："照天照地!"

对话结束时，坊主不客气地说："禅师，对不起，恕我不供养你。"说完，径直而去。

遭此际遇，有道禅师深感惭愧。之后，他苦参禅法，精勤不息。

数年后，茶坊主人又来找有道禅师。

坊主问："古镜未磨时如何?"

有道禅师答："此去汉阳不远。"

坊主又问："古镜磨了以后如何?"

有道禅师答："黄鹤楼前鹦鹉洲!"

有道禅师话音刚落，这位坊主立马跪下，请求禅师接受供养。

在回去的路上，我想：是啊，古镜磨与不磨、磨前与磨后，又有什么差别呢? 黑漆漆的是古镜，照天照地的还是古镜。少年的是你，中年的也是你。你、我，从来就不曾发生过改变。改变的，只是时空，只是心境，只是身外的名利权位、名闻利养。

如果能认清这变与不变的现象与本质，那么，我们对世间的变与不变，就会应对得更坦然淡定与洒脱从容了。

四十九、红炉片雪

《五灯会元》中，有句曰："去年今日时，红炉片雪飞"。有人理解：红炉片雪，虽洁净，却短暂；虽有却空；似有若无；既辩证又矛盾。

人生，同样——红炉片雪。

回首前尘，浑如清而又浊的梦，头绪尚未理出，便又昏昏沉沉，觉觉醒醒。这荧光电火，一闪，便是几十年过去了。

晚间，于峨嵋峰上，静听山风，柴房翻书。话说，无根禅师曾经不知自己在哪里，地下找不着，水中寻不着，火中探不着，空中见不着，因此了悟无我，从此不再寻找自我。阅此公案，回照自己，恍如隔世，也不知我在哪里、哪里是我，什么是我的前世与今生、是否会因此了悟。

记得，刚出家时，特崇敬惠心禅师的母亲。一次，惠心受帝王召见、赏赐，他以帝王的赏赐孝赠母亲，而母亲却因此生气，责怪惠心热心名利场、心怀虚荣，教导他应安守淡泊，做个清修有证的禅者，这才不愧为人天师表，才算真参实学。又有一次，惠心打算回乡一趟看望年迈的母亲。母亲知道后，劝其勿回，说出家为僧，已为佛门三宝所有，一切众生所有，不为母亲一人所有，应以众生、三宝为首要，应以报恩三宝、拯救众生为最迫切。

想我在俗二十年、在僧二十多年，人生变幻，一路苦旅。总以为，早从昏睡到觉醒，所以才会出家为僧。而今反思，似乎又从觉醒到昏沉：每天耽于杂务，几近让我无暇他济。此中，虽也有欢喜，但是否禅悦，却未觉知。我也知道，经藏要我：不着佛求，不着法求，不着僧求。那么，就更应不着杂务中求。但许多高僧又要我：以出世的心做入世的事，以出世的墨写入世的文。

我知道，这不是经藏之误，也不是高僧之错，而是我境界太低、智慧太少，无法做到分身有术，无法做到心空无我，无法做到不执不着，无法做到圆融无碍……

近来，曾做一梦：红云满空，火光中，潜龙在渊。于赤橙黄绿青蓝紫这七道中，循环往复，轮回死生，以致精力几尽，身心交瘁，险些梦断觉路，龙坠于天。

如是之梦，倒让我又从昏沉到觉醒：不是诗人不谈诗，既是诗人须谈诗。我本西来一衲子，为柱东方万法城。我的绿色、生机，在于让自己觉醒，吹起法螺，敲起法鼓，令众生觉悟，降下法雨，泽润众生，这才是我的责任与使命。至于我在哪里，哪里是我，无须再问。早有人说，本性乃自性，乃佛性，本来空寂，不增不减，不垢不净，不生不灭，也不动不静。既如此，何须归？归又归向何处呢？

关于红炉片雪，大颠禅师有话："自然休歇，自然放下，如红炉上的一点雪。"慧勤禅师有说："有时放下，似红炉点雪，虚含万象。"宗杲禅师有曰："红炉焰上雪华飞，一点清凉除热恼。"《五灯会元》之《契诠》有片段："弟子问：'牛头未见四祖时如何？'师答：'玉上青蝇。'又问：'见后如何？'又答：'红炉焰里冰！'"看来，红炉片雪，还有另外一层妙义，另外一种高境。

僧俗，出世与入世，迷悟，地狱与净土……红炉片雪啊！

五十、禅心一粒，四海禅境

苏东坡的悟性真是很敏锐，否则如何能吟出："溪声尽是广长舌，山色无非清净身"？这与大珠慧海的"青青翠竹皆是法身，郁郁黄花无非般若"，有着异曲同工之妙。

比丘本性身栖佛门，心驻佛境，感念佛法僧三宝的恩德。因其加被，少年不懂事、青年无才学的本人，至中年时，竟能做点小事，积些福报。比如，住持寺院，为寺院做些寺务；主持教会，为教会做些教务。

天性原因，寺务、教务之余，我也喜欢漫行于佛教的文学、书画、雕刻、音乐等园中。因为我感觉，也相信，只要有禅心，其中便有禅境。

夜深之际，每近晚息，我都要习惯性地临摹一会儿书法字帖。这摹字临帖，有如坐禅，屏呼屏吸，专注一境。一入其

潜，禅意起，禅慧生。虽如人饮水，冷暖自知，但于我来说，
是一件很愉快的事。

习字之余，看到同道者中有精通绘画的，我也手痒。不
过，心不痒，因为虽不会画，但欣赏也好啊。对禅者而言，会
欣赏，也是一种境界，包括欣赏画，也包括欣赏人等。

平时，也喜了解茶道、花道、香道。饮茶时，如禅清心；
赏花时，如禅悦心；闻香时，如禅爽心。

因身心于禅刹，每日听那晨钟暮鼓，那鼓声清越淡烦恼，
钟声悠扬浓清凉。斯梵斯乐斯禅音，多美妙啊。

有时，徜徉通幽小径，会偶遇一二尊圣者或名者，此时，
我必心生敬仰。有时，怀着禅者的心情，到一些雕塑雕刻作
坊，感动于艺术家们创作时对圣者或名者的那份投入与虔诚。
每当此时，我都想亲自体验一下，感受那种圣者心起、圣者容
生的纯净与神圣，如步禅林。

我也爱好写点小文字。这古老的小方块，当你清心地游走
其间，与之为伍，也与之为友时，你会发现，它很乐意与你沟
通，无论是情，还是魂。当我与之打成一片时，往往是宠辱皆
忘，身心俱失，如入禅定，唯喜洋洋者矣。

由此，我想：禅，真是无处不在、无时不有。只要我们有
禅心一粒，便四海禅境。

五十一、我们需要什么样的灵修

"今朝有酒今朝醉，未必有命到明朝"。

"今朝有酒今朝醉，明日愁来明日愁"。

这是什么主义？这是虚无主义、享乐主义、感官主义。这主义衍生的，就是拜金、纵欲，就是毁弃伦理、践踏道德，必跌入沼泽，闷死，必跌入泥潭，憋死。

早在释迦牟尼佛的时代，古印度就有类似的思潮，佛教谓之顺世派，是佛教极力批判的"六师外道"——六种异端邪说之一。

这顺世派，当时印度的阿夷多翅・舍钦婆罗与广智是其思想主将。其否认因果轮回、过去未来；提倡及时行乐、满足欲望；认为，只有对财富、美色的享受、放荡、狂欢才是生命与生活的唯一真谛。因其顺应世俗趣味，故谓之顺世派。佛教教主斥之为既荒谬混乱又害己害人的断灭论。

这断灭论，并不因为佛陀的极力反对与批判而灭迹，而是于若隐若现地继续流传。

古印度所谓的爱神节，就是以顺世派思潮为理论基础的民间风俗。后来，又演化为所谓的霍利节。

近年，一些所谓的"灵修"活动在我国兴起，趋之者众。这些"灵修"点，鱼目混珠，真假难辨。有的人高兴而去，败兴而归。有的点甚至是陷阱，只是敛财骗色之所。更有甚者，实为邪教聚落。

近日，有报纸报道，说某地某"灵修"场所，不为灵修，只为其他。我看了之后，心里难过。想不到，2500年前佛陀极力批判的异端邪说，到今天还有市场，还在启动祸端，危害世人。

根据报纸报道的内容分析，报道中说的那些"灵修"，实为顺世派的遗毒。这顺世派，在当代的印度有个臭名昭著的教徒，叫阿恰里亚·拉杰尼希（1931—1990）。由于家境殷富，又颇有才气，还一度任教大学，在印度也算小有名气。之后，他心血来潮，致力于"灵修"活动，在印度以及世界其他地方创立"静修"中心。不想，后来，他的"静修"中心与"灵修"活动被人告发。名为"灵修"，实为坑蒙拐骗、涉黄涉毒。

证据确凿，他本人因此差点坐牢。由于名声已臭，他便改名奥修。近来，报纸报道的"灵修"，多尊此人为教主，可见其"灵修"内容与实质之一斑。

为什么这么多人迷恋奥修的"灵修"？除了盲信而导致误入歧途外，缺失正确的信仰、价值观错位，也是重要原因。

改革开放 30 多年来，经济发展，民生丰足，但社会与个人也为此付出了很大的代价。由于过度强调经济、物质，致使人们一度陷于身心灵的矛盾体中，灵魂、心理甚至身体，因此而失去了平衡，从而扭曲、畸形、变态。人类的抗压抗病能力是有限的，当这身心灵的压力与病态达到人类无法自控的极限时，人类必然会去寻找突破的缺口与解决之道。因此，所谓的"灵修"等就成了人们的选择之一。

作为教职人员，我认为，民众对身心灵的修炼有所需求，这是自然的，也是必然的，这是人类自身的身心灵现象与本质决定的。因此，整个社会，要坦然地面对。关键是，要引导与提供正确的合法的解决方法与场所，同时，要杜绝与摧毁错误的违法的解决途径与聚点。什么是正确的合法的方法与场所？五大宗教及其场所，都是国家认可与保护的，这就是正确的合法的方法与场所。

最后，我想说：人生是需要崇高信念的。没有崇高信念的人生，与行尸走肉无异。

佛教不提倡不欣赏苦行主义，更反对更批判享受主义。

眼、耳、鼻、舌、身、意，佛教称之为六根。

色、声、香、味、触、法，佛教称之为六尘。

我们不能让六根永远陷于物质的沼泽中，也不能让六尘永远沉于物质的泥潭里。假如那样，我们只有一个结局——沉没、淹死。

答案，总是比问题多。唯享乐与唯苦行之间，就只有一路，即中道。

佛教告诉我们：这一路，是纯净之路、纯真之路。讲慈悲与智慧俱足，讲修行戒定慧与息灭贪嗔痴，讲六度之布施、持戒、忍辱、精进、禅定、智慧，讲八正道之正见解、正思想、正语言、正行为、正职业、正精进、正意念、正禅定，讲诸恶莫作、众善奉行、自净其意、是诸佛教。这才是真正的灵修，这才是身心灵矛盾体的根本解决之道。

愿你我，三思之后，择而行之。

五十二、夜登阿里山

暮春三月，江南草长。杂花生树，群莺乱飞。

正是生机勃发的时节，我们几个同行夜登阿里山。那时，星星尚未完全睡醒，惺忪地偶尔眨一下眼睛。远处的山，灰茫茫的，近处的树，也灰茫茫的。随细雨飘落的，似有稀疏的鸟声，又似有花开的声音。

弯弯的小径，蜿蜒在山中脚踏芒鞋，身穿袈裟，轻步在花树交杂的小道上。山月半隐，高悬于山顶、树梢。它可知我们的脚步，在丈量着什么？要迈向何方？

人生近半百，攀过几多山。也曾汗滴泰山、黄山、华山、庐山……但心情复杂的，莫过于攀登阿里山。我相信，这不是因为山，而是因为山之故乡。

有人告诉我，承载阿里山的台湾，曾经与大陆同在一块儿，后来由于地质原因，裂变了，分作两边，作了两块，恰如兄弟姐妹。风，从它们间刮过；雨，从它们间袭过；水，从它们间流过。从此，有了海峡两岸。台湾，从此离开了它的故乡。阿里山，也从此开始了流浪，流浪……

此次，夜登阿里山，为的是看日出。

未及山顶，天已微微发白，一路上，可见那山，那树，那草，那花，那寺，那屋，那人，那雾，种种的种种，皆在朦朦胧胧中。

及至山顶，已是人声鼎沸，人潮如涌。棚搭的一些小屋，弥漫着奶茶、咖啡的香味。棚下的灯火，泛着柔软而温和的光。远山之上，宛若天边的地方，淡白色中渗出丝丝缕缕的金黄光亮，散着淡淡的光圈。这时，我似乎隐隐听见了，涌自阿里山地心的幽幽的神秘天籁。

此刻，我多么想见到那一个人啊。

那个人，曾呱呱坠地于大陆，后来，须发苍白于台湾。他曾经在日记中写道："我百年之后，愿葬玉山或阿里山树木多的高处；山要高者，树要大者，可以时时望大陆；我的故乡，在大陆。"他曾经留下这样的遗言："葬我于高山之上兮，望我大陆；大陆不可见兮，只有痛哭；葬我于高山之上兮，望我故乡；故乡不可见兮，不能忘；天苍苍，野茫茫，山之上，国有殇。"

他不是别人，正是被称为"三间老屋一古槐，落落乾坤大布衣"的于右任先生。

站在阿里山上，我最终没能替他看到对岸的故乡。因为彩霞虽然出于天上，可云雾还是遮蔽了太阳。天虽然亮了，但太阳，还是没有如人们传说般的那样一跃而出——光照十方，天地辉煌。

由于没有看到日出，几个同行的人感觉有些遗憾。他们问我的感受，我淡然一笑，没有作答。我总认为，金黄的丝丝缕缕的彩霞都现出了，离太阳出来还能有多远还能有多久呢？即便金黄的丝丝缕缕的彩霞没有出现，也不等于太阳不存在太阳不出来啊。于是，我想，等会儿下山时，我就做个无心道人吧。我眼未见，就以心见。我眼虽未见，定以心见。我要把心留在山上，栖心于阿里山的峰峦，不为山，只为太阳。我相信，总有一天，太阳会出来，我的心，终将会于那一刻感受到它的喷薄而出，腾跃于云端。

五十三、面朝大海，春暖花开

面朝大海，春暖花开。

清晨，星星尚未完全隐去，于故乡的海边徜徉……

海上，薄雾生起。沙滩，泛着银光。自远而近的潮声，一波又一波，深沉，浑厚，大气，凛然。海风劲拂，泌着独具的香味。

从沙滩，向礁岩。

小坐于一块嶙峋而爬满海苔的石上，看舟过，望鸥飞。

我在想，浪潮，富有韧性韧劲；礁石，何其刚强坚强。门前的大海，千年万载，何曾停止过奔腾。它的奔波不息、坚持不懈，也许连它自己都不知道为了什么！但它并没因此而停息，总是潮落了再潮起。浪潮的力量，我们扯不断，分不散，总是在循环不已，轮回一般。而礁石，风吹，雨打，浪袭，虽伤痕累累，乃至变得丑陋、怪异，甚至于畸形，却绝不退缩，总是与日月同光。它宁愿被风化，也决不做卵石，随波流转。就是断臂折腿，也不失棱角锋芒。

曾经，也徜徉过泰国的海边、印度的海边、韩国的海边、日本的海边、马来西亚的海边、新加坡的海边、斯里兰卡的海边、马尔代夫的海边，以及欧洲、美洲的海边，但从没有像在家乡的海边那样，对海充满了依恋，充满了想象。

也许，自童年以来，枕着故乡的涛声而眠，潮汐已融进了呼吸，于是，有了种心灵的相通与相应。每当我的人生如风帆乘风破浪时，我就会感受到，故乡的海风在我的血脉中快乐地跃动、幸福地鸣响。每当我的生命桅杆经受着风雨，黑云压海，黑浪腾山时，那故乡的海鸥就会在我的心中、我的胸中，在海天的间隙中，勇敢地展翅，无畏地飞翔。

感受着浪潮与礁石，我忽然想到二者的关系。韧性的海浪常常摧毁着刚强的礁石。浪虽柔，却也具备了摧毁的力量。石虽硬，却也被摧毁着。海浪的摧毁，是无心，还是有意？是有选择的，还是出于无奈？礁石的被毁灭，是没有选择的，还是自愿？是心甘情愿的自我牺牲，还是怨结沧海？无论如何，我无意寻求与知道这些答案。

时光流转，海还是那样吗？天空，渐渐明朗。海上的薄雾，渐已散去。这时，沙滩泛起了金光。海面上船帆点点，海鸥上下翻飞。清晰的地平线处有半轮红日，如希望的烈焰，跃动着闪耀着燃烧着，仿佛要把整个大海与天空点燃。这时，我恍若听见这样的对话：

"海的那边，有岸吗？"

"海的那边，有岸，但看不见！"

五十四、拯救动物，救赎人类

月前，乡友微恙，前往探望。路经乡野，偶过屠门。有乡野老伯，正庭外宰杀一鸭。悲凄、哀绝的叫声连成一片。那情那景，当时，乃至如今，都在震惊震撼我的心灵。那一刻，我一下子懵了，不知该冲过去制止，还是匆匆走开。愣了一会儿，才醒而破口一喝：别杀了，我高价给你买活的。

自剃度出家为僧，缘结三宝，绝荤茹素，便少见杀情戮景，自己更是不肯也不敢为之。有时，影视中有杀戮、血腥的场面，也多移开视线，避免看到。这不仅因为已成习惯，更是因为情不自禁、心有不忍，难于接受那样的视觉冲击。我所在之处，临池并有灌木，自然有蚊子。每被袭扰，甚至被叮咬，也绝不会杀戮之，至多赶它走而已。能做的最好方法，就是防止它来，让它不敢来、不能来。有时，走在街上，见大街小巷满是煽情广告，什么生猛海鲜、水煮活鱼之类的，心就像被猛然抽了一鞭。愧自己能力有限，无力拯救苍生；叹人类因动物犯下的罪过，大而滔天。人类应该为此自责、忏悔、补救才是。

有时，不少人会认为，戒杀的对象扩展到人以外，是否有点唱高调？其实，确实不是。因为动物不仅与人一样具有根本性的高贵灵性，而且人与动物都是生物链的一环，二者的命运紧密关联。动物，是人的和谐伴侣，是人的欢乐福星。每次，看见小朋友们或女子们牵着小狗，抱着小猫，养着小兔，我都会有种感动和愉悦。这使我看到了人性与动物性平等而交融地发出生命的光辉，而这正是我向往的一种生命情怀，也是我的信仰之一。有时，看到老大爷或大男人们也牵着小狗，抱着小猫，养着小兔，我虽忍俊不禁，但也为之感动，为之欢欣。这使我看到男人们不再以残酷和生硬的方式展现其坚忍与刚强，反而内心充盈着温馨与柔软。我想，这正是这个社会所缺乏和需要的。

不仅在佛门，而且在社会，我何止一次地听到动物救人的传奇，还有动物与人相依为命，主人去世后，动物不吃不喝而死的故事！

这些让我想到，人与动物的平等相处、和谐相处，并没有降低人的灵性与尊严。动物，有它自己的世界，从来就无须人的施舍。只要人不去侵犯它们的权益就已经不错了。未出家为僧前，我以为动物是没有尊严的，就是杀了它吃，也没有什么。后来才知道，它们也有生存权，也有高贵的灵性，人或佛都有可能曾经是其中的一员，它们与人一样，都是灵性生物链中高贵的一环，谁也没有权力将这一环取而弃之，或抹杀掉，而且也不可能。人与动物，在这之中，其实是个互助的环节。

我想，拯救别人就是救赎自己，包括生命与灵魂。同样，人类对动物的拯救，也是对人类自己的救赎。

我常想：我们都在说，要度众生，那么这众生里面，人占多少？动物占多少？当然，在百分比上，动物是比人大得多了。因此，我们怎能只救度一点人而放弃对那么多动物的救度呢?!

记得，地藏菩萨说："我不入地狱，谁入地狱？"又说："地狱不空，誓不成佛。"业感原因，动物的生存环境似乎不如人类。与人类相比，它们就是在现世的地狱中，这正是需要人去救度的啊。人类的慈悲、博爱，应该说，在这一点，也能得到很好的彰显。

救它一生，赎己一世；度它一世，得己一生。拯救动物、救赎人类，这也是大乘佛法菩萨道精神的良好体现。

让我们大家对动物慈悲、对动物博爱，做动物的好邻居、好朋友吧！

五十五、游圣徐霞客

读中学时，就特别崇拜明代的徐霞客。

这不仅仅因为他"驰骛数万里，踯躅三十年"，还因为他写成了天下奇书《徐霞客游记》。

今天，2012年5月19日，中国国务院批准设定中国旅游日。这旅游日，5月19日，取自《徐霞客游记》开篇之日期。去年，首届中国旅游日的主题是："读万卷书，行万里路"。今年的主题是："爱旅游，爱生活"。

早年，在常熟兴福寺时，读过《徐霞客传》，作者是常熟的钱谦益。那时，我对徐霞客的出行，要么伴一僧，要么携一奴的做法，印象深刻。

徐霞客旅历，从22岁起出游，直至56岁时去世。在那个时代，这是常人很难做到的。可以毫不夸张地说，他是中华旅游第一人，亦是背包客的始祖，堪称"游圣"。

徐霞客自少年起便嗜好游历，更立愿说："大丈夫朝游碧海，而暮宿苍梧。"他的好旅嗜游，与其家庭影响关系很大。其父一向乐于山水，有一次两官员来访，他知消息后，为避而不见，悄悄从后门溜掉，到太湖乐他的山水去了。徐霞客少年时，由于文采很好，亲友都劝本无意于官场与八股文的他去考科举，以便金榜题名，唯其父说：人各有志，岂可勉强。19 岁时，其父亡的。古人云："父母在，不远游"。因老母在堂，他没有远去。对此，母亲对他说：身为男子汉大丈夫，应志在四方，出去游历吧，到天地间去舒胸放眼，怎能因我，如篱栅里的小鸡，套在车辕上的小马，留在家园，无所作为呢？为此，他就戴着母亲亲手为他做的远游冠，出门壮游，时年 22 岁。

徐霞客在游历中与僧人结下了不解之缘。

钱谦益的《徐霞客传》曾说：他出游，或伴一僧，或携一奴。当然，还有一拐杖、一包袱。有一次，他与僧人静闻一同欲往云南鸡足山，一处迦叶菩萨的道场。不料，路遇盗贼，不仅盘资被抢，静闻还被重伤致死。有人劝他回家算了，他说：我带着一把铁锹出来，什么地方不可以埋骨呀？不肯回头，还是继续前行。千辛万苦，终到鸡足山。在鸡足山，他把静闻的骨灰掩埋于此，了却了静闻的遗愿。但此行，他也付出了很大

的代价，突发足疾，难以行走。于是，他便暂留此地，兼修《鸡足山志》。生命后期，在他病重时，有友人去探望他，他对友人说：西汉的张骞、唐代的玄奘、元朝的耶律楚材等到过西域，我作为一个平民百姓，也到了西域，与那三人合而为四，今虽死也无遗憾了。

从张骞到玄奘，再到耶律楚材，及至徐霞客，不同时代，其游历模式或许会有不同，但我想，其精神当是一如的，就如我们僧人的行脚——

是一种生活态度，

是一种生活品位；

是一种信仰方式，

是一种信仰境界。

五十六、文明的差异——心文化与身文化

五月的圣城康提，云卷云舒，花开花落。

由于佛教活动，诸方僧伽汇集驻锡于圣城山麓的旅舍。舍后青山千仞，舍前碧野万顷。舍之主体，多以木构，生态自然。舍之格局，浑似禅院。傍晚时分，清风徐来，沁着山野花草的馨香。斋后，踱步石阶与池边小径，情闲意逸。

此时，有一法国小伙前来搭讪。他说，他也住在这里，因见这么多僧伽，感到很好奇。他说，他想知道，代表东方文化之一的佛教，到底讲些什么？东方文化与西方文化，到底有何区别？听他这么一问，我想，他的问题具有相当的普遍性，尤其是第二个问题。

我总认为，文化的核心精神与最高境界，无论东方还是西方，都是一样的，但于各层次的表现形式，却是不同的。

以我看来，佛教既然强调看心、坐禅、止观、静心，以纯净与沉静内心为己任，那么佛教便是内省反思的文化，是心的文化。而禅宗把这心的文化推到了极致。"悟"字一个，便把这一切都做了说明。由于佛教是心的文化，因此佛教做的是心的文章，炼的是心的功夫，着重于内在潜力的发掘，以及提升内在的自觉，从而使人知惭知愧，达到心的宁静、意的净化。而儒家，也强调内省与反思。孔子就说："内省不疚，夫何忧何惧？"而孔子的学生曾参更说：吾日三省吾身。

内省与反思，注定了东方文明具有宽容、隐忍、谦卑等的特征。即便是遇上对抗性的矛盾，也是引而不发，含而不露，或曰"不战而屈人之兵"。因为只有这样，才能达到内心的和、和平、和谐。只有内心的和、和平、和谐，才有内心的宁静，才有内意的净化。

西方的文明似乎就不同了。大部分的西方文明，包括某些哲学与宗教，做的是心外的文章，炼的是心外的功夫。也就是说，西方文化，是身的文化，靠的是心外的实验与行动。因此，重视的是物质的享受与感官的刺激。因为是身的文化，所以用的尽是外力。他们缺少内省反思之道，缺乏内省反思的力量。为此，自负，傲慢，以自己为中心，以救世主自居，好作裁判，好打抱不平。一旦在这实验与行为中，拿捏不准，出现偏差，或者一旦挟着私心，有失公正，那么导致的必是冲突、暴力、破坏力。而这种习惯反复熏陶，不断养成，便形成了侵略文化、战争文化、霸权文化。

这一心一身、一里一表、一软一硬，我认为，便是东方文明和西方文明在各层次的表现形式上的不同或区别吧。东方人为什么重心？该不会是因为体弱身小，所以只能靠强大自己的内心吧？西方人为什么重身？难道是因为身强体壮，以为这就是自己的依靠与本钱吗？

与法国小伙聊完这些，他听得满头雾水，似懂非懂。当然，这有内容抽象的原因，也有我英文水平有限，无法准确表达的原因。

为此，我不得不为之举了个例子。

中医看病，主要是实行扶正，慢慢调理，提升强化病人的免疫力，使金木水火土等调和，从而克服病源，强身健体。而西医，主要方法是祛邪，用猛药杀毒杀菌，这虽去了病源，但也伤了免疫系统，削弱了免疫力，为健体强身留下隐患。这回，他似乎听明白了。

话虽如此，在这世上，当然，没有绝对的事。一心一身、一里一表、一软一硬之说或之分析，亦是如此。佛法告诉我们，本质上说，真正的接近真理的真理，在这世间，应是中道，或者似儒家说的中庸吧。因此，末了，我想说，在东西方文明的丛林中，各有美花，也各有丑草，皆各有奇用，皆是人类伟大的创造。关键是，对这些，要用得恰在其时、恰在其处，要对得了玄机、起得了妙效。同时，世上是没有绝高或绝低的文明的，皆各有奥妙之处，重要的是，互相借鉴，取长补短，使其圆圆融融与圆圆满满。我认为，这才是对待不同文化，包括东西方文化的正确态度与方法。

五十七、结缘，分享

心贵有佛法，有佛法，就富贵。

心贵有佛法，佛法在哪里，幸福就在哪里。

生存生活数十年了，如在水上的舞台，前前后后，左左右右，从第一到倒数第一，从倒数第一到第一。忽然，来了一阵风雨，颠颠倒倒，好不容易抓得一块浮板，沉沉浮浮，也不知何时何处才是尽头，才可到家。

回家的路，很远。

回乡的路，很长。

但生命的彩虹，总是很短。

水上的人生舞台，总是摇晃；人生的舞蹈，总是变幻。也许，你的歌唱，会很高昂，但谁来保证，风声雨声，不会令你的歌声沉消？

就如昨天，我在路上，看到一幕车祸惨剧。那位车主，十年前，五年前，一年前，哪怕一天前，甚至一秒前，也不会知道自己此刻会将遭此厄运厄境。

人生，真是一场不知何时就莫名其妙落幕的戏啊！

也因此，我们应当珍惜所拥有的现在，感恩生活，感恩大众，尤其当我们还可以要站能站、要坐能坐的时候。

每当走在路上，或坐在道旁，看着面前人来人往。这时，我就会想：我能为他们做点什么呢？我能于这路上遇上他们，必是与他们有缘。广结善缘，促缘增上，总是美好的。而人们来来去去，一面之见，一臂相交，就是与我结缘，就是为我而来，为我付出，我没有不予以回报的理由。哪怕我的回报，我的结缘，只是一句三春暖的鼓励。六月凉的提醒，一个微笑，一个问候。

人生，需要结缘。

结缘，就有分享。

分享，就有获取，就该付出。

有些人，想有钱，却不为钱付出；想有权，却不为权付出；想做科学家，却不为科学付出；想当艺术家，却不为艺术付出；想成佛，却不为佛教付出。不肯付出，没有付出，就如没有种子，从哪里开出花结出果呢？

其实，钱也罢，权也罢，科学家也罢，艺术家也罢，佛也罢，在某个层次上，都只是我们心中的一种具象。虽在远方，却在心里。我们没有办法为之具体付出什么，也无须我们为之具体付出什么，因为所谓付出的，都不是我们自己的，能够付出的，我们自己也都有。如果说我们有所谓付出，付出的也只是付给了我们自己。

不是有人告诉我们吗？他说：能为一村人付出，就有当村长的资格；能为一乡人付出，就有当乡长的资格；能为一省人付出，就能当省长；能为一国人付出，就能当国家主席。难道不是吗？

好人好自己，好人坏自己，因因果果，就是这么来的。

因此，如能付出，有机会付出，是一件多么幸福的事啊。

不付出，无法结缘。

不结缘，没有分享。

没有分享，怎能有富贵与幸福？

五十八、为善，不分僧俗不计荣辱

古人说："勿以善小而不为，勿以恶小而为之。"为恶，是短线讨小便宜，长线吃大亏。为善，是长线讨大便宜，短线吃小亏。

为善，除了有心，还要有好因缘。因缘不聚时，我们为善，便要付出各种代价。但，又怎能因此不为呢？

住持一隅以来，本着讲经说法、著书立说、建寺安僧、慈善公益的志愿，也在尽心尽力地开展着一些慈善工作。但开展的慈善工作也经常遭到误解和质疑。其观点主要是：（一）出家人筹资总是有失清净体面；（二）出家人筹得的资金应该用于建寺安僧。这些观点无疑是正确的，我们也无条件地认同。不过，这是从理上讲，本质上讲的。佛法，除了讲理、讲本质外，还讲事，讲方便。六祖说："佛法在世间，不离世间觉。

离世觅菩提，犹如寻兔角。"这讲的就是这个应理事并行的道理吧。

佛陀总在教导我们：诸恶莫作，众善奉行。自净其意，是为佛教。如我们只自净其意，而不众善奉行，那么，佛法不是残缺了吗？地藏菩萨要"地狱未空，誓不成佛；众生度尽，方证菩提"。还说："我不入地狱，谁入地狱？"其拯救苦难苍生的心，使我们震撼。也让我们明白；为善，不应过于在意我们个人的荣辱，不应过于计较我们教团的得失。个人的荣辱对于苍生的苦乐来说，确实不算什么；教团的资财，对于众生生命慧命的断续来说，又算得了什么。这也是为什么这么多年来，每要做扶贫助残、济学救灾等善事时，我们都要对外发布文字公告的原因，也是整个寺院都要倾力而为的原因，也是自身率先做榜样，动员寺内两序僧众响应的原因。我想，这也是"十方来，十方去，共成十方事；万人施，万人舍，同结万人缘"的道理吧。

记得，禅宗中有两个相关的公案。

其一：月船禅师为了筹款赈灾，救助寺院所在地区百姓的灾荒，有酬金才肯给人作画。有富婆为了羞辱他，特意以高价请月船禅师到她举办的宴会上在她的裙子上作画。她还当着月船禅师的面对着宾客们说：这位禅师只认钱，他的画不配挂在客厅，只配装饰她的裙角。而月船禅师用作画的钱，为乡民建了一座仓库，购储了一仓库的稻谷；为完成师父的遗愿，建了一座寺院。完成这些后，他抛下画笔，从此退隐山林，不知所踪。

其二：荣西禅师为救贫病交加、濒临绝境的一家人，在寺院无财无钱的情况下，便将某信徒供养用作佛像贴金的金箔拿给那家人，让换作金钱，拿去治疾病解饥饿。荣西禅师的徒弟为此不满，说那钱是佛教财产，岂可说送就送了，再说，还是信徒指定项目的专项捐款。荣西禅师听了，开示徒弟们说：佛陀当年修道，为了解鹰与虎之饿，便割肉喂鹰，舍身饲虎，我们与佛陀比，做得怎样？他接着开示道：我们拿着佛陀的资财，解急救急于民众，也是为佛陀做弘法利生的事，也是为佛陀增荣光啊。

以上两个公案，给我们的启示，很大很深啊。

文末，我要告知我的弟子们：无为法，如思想，是自己的，永远随身；有为法，如金钱，是别人的，终将离去。作为有为法的财物，不存在珍贵不珍贵、重要不重要、好不好的问题，只存在有没有用、用得上用不上的问题。如果某一财物你能用得上，派上大用场，那便是其价值的体现，否则便无用处。因此，当某财物在某个时空可以起到大用时，千万不要舍不得啊。提倡惜福，是要我们警觉无谓的浪费，不是提醒我们紧抓财物不放。佛法告诉我们：把财物如法地用出去、花出去，那才是我们自己的。我们用出花出的，将会为我们带来更大更多更有价值的返还。

上善若水，为善最乐。

五十九、行禅与坐禅

《坛经》之所以被人称为"经"，荣耀如佛陀亲口所说，就在于六祖慧能对佛陀的核心精神先知先觉，顿悟彻悟。

六祖门下高足永嘉玄觉禅师有句圣言："行亦禅，坐亦禅，语默动静体安然。"

在这里，神秘的禅、奥妙的禅，不仅可以坐来验证，还可以行来验证。这两种证法，对现代忙碌的人们来说，无疑是两剂难求的对症良药。

为什么行亦禅呢？其实，禅不从"坐"得，也不从"行"得，禅为本有，坐与行只是体验和体证禅的一种方式与方便。《坛经》说："处于一切善恶境界心念不起，名为坐，内见自性不动，名为禅。"我们坐禅是为了入禅定，那么何为禅定？《坛经》说："外离相为禅，内不乱为定……外禅内定，是为禅定。"六祖曾经提醒弟子志诚说:"常坐拘身,于理何益?"为此,他作偈曰:"生来坐不卧,死去卧不坐。一具臭骨头,何为立功课?"

由此可见,禅定,做的是心的文章,而非形或型。只要能得禅定,何论是坐或是行呢。

对于人而言,人的形要者有三,一为坐,二为行,三为卧。古人悠闲,多坐,喜坐;今人生活工作节奏快,多行,喜行。对古人言,以坐禅法入禅定,是首选;对现代人而言,以行禅法入禅定,可与坐禅法平分秋色。为此,我认为,坐法与行法的结合,应是当今禅学禅修实践的双羽翼。

比丘本性嗣法禅宗,一直以来,也以接续禅宗法脉、延续禅宗法旨为己任。

2006 年,曾于福州开元寺发起举办一次体验体证禅修的夏令营,来了近百名大中专的青年学生。这些才俊,来自东南西北、全国各地。因为福州开元寺总的硬件设备不足,便将这百余人携往宁德支提山华严寺,于那里的禅堂,教授来者坐禅、行禅之法。

也正是此次夏令营,让我觉得,供众禅学禅修也需要客观条件。为此,我萌生了建造一座可以实践禅宗方法与精神的相应道场的想法,泰宁庆云寺的启动修建就是这一想法的产物。

　　由于因缘尚不具足，近年来，除了加紧创造条件外，个人主要精力投入到介绍禅学理论与个人禅修体验体证的感悟上，以此与众共享。

　　如今，泰宁庆云寺的基建有了阶段性成果。为此，禅学禅修的体验体证之实践，将提上我们明年弘法利众之日程，也请同道志者，来赴去朝，或教或受，共襄盛举。

六十、随缘与平常心

"安知住世君非佛，想是前身我亦僧。"先朝宰相叶向高如是说。

想必，我亦如是。

为文，说法，我喜用："安心"、"放下"、"自在"、"解脱"、"随缘"、"方便"等词，更感叹其真义的奥妙与妙用。

"随缘"一词，相关的典型语句为："随缘不变"、"不变随缘"。

有人以随缘为随便，此为错误理解。佛教说：随便出下流。当然，此"下流"非指低级趣味。

其实，随缘，与平常心有诸多共通之处。

为善无近名，为恶无近刑。花开花落，宠辱不惊。

有佛友聊及此，担忧地问：一旦有了平常心，事事随缘，是否会影响进取心，导致无为呢？

其实，有如圣人云："无为无不为也。"

记得有句曰："岩松无心，风来而吟"、"适时无为，则无不为"、"无为而民自化，好静而民自正"。

佛家常说："丛林以无事为兴旺。"想必理同。

为此，许多大福报者，有机会居庙堂之上、君临天下，却大智如愚，大巧若拙，也因此，管起国家如烹小鲜，游刃有余。

当年，日本禅师种田正一颠沛流离，自觉无为无用，就去自杀。被救之后，他向一老禅师求教有为有用之道。老禅师答：坐禅。但老禅师末了提醒：坐禅，最终也无为无用。种田正一惊讶：既然结果还是无为无用，干吗还要坐禅？老禅师道：就是因为无为无用才要坐啊。种田正一禅师听罢有所悟。

随缘与平常心的反面，应是过于执著计较得失、沉浮、荣枯、好坏、悲喜、有无、胜败……

计得精，俗谓聪明。但俗语说："聪明反被聪明误。"

几人能够知一切、把握之一切？

如若不能，便与规律不契合；不契规律，岂不误事、误人、误己、误天下？

也因此，我赞赏：难得糊涂，吃亏是福。谁敢断定：糊涂就不聪明、吃亏就不得便宜呢？我说：或许还是大聪明与大便宜呢！

王维中年时，兴来独往，行到水穷，坐看云起，谈笑无还期。这就是真正的随缘与平常心之境界啊，为我羡慕。

六十一、节庆宜素食

新年临近，春节不远。

由于出差缘故，近日，数度出入汽车站与火车站，发现民工开始回乡了。

按中国传统，节庆一到，无论贫富，总要庆贺一番，或作父母兄妹聚，或作夫妻儿女聚，或作同学战友聚，或作同事朋友聚。聚必酒，聚必肉。

因此，一到节庆，一命欢喜万命愁，一命留得万命休了。节庆期间，大家必密集杀鸡、宰羊、蒸鱼、烹狗，开始一年之末最疯狂的大屠杀，生灵涂炭，天地哀吼。

"邻鸡夜夜必先鸣，到此萧然度五更。血染千刀流不尽，佐他杯酒话春生。""兽中刀枪多怒吼，鸟遭罗戈尽哀鸣。羔羊口在缘何事，暗死屠门无一声。"清朝的彭际清和唐朝的白居易如是形容节庆大屠杀的情形。

佛教行慈悲，行放生，行护生，珍爱生命，保护生命，视一切生命平等，视生命如己命，反对轻生，禁止虐生。

为什么？因为"莫道虫命微，沉溺而不援。应知恻隐心，是为仁之端"；"始而倒悬，终以诛戮，彼有何辜，遭此荼毒？人命则贵，物命则微，汝自问心，判其是非"；"食鱼投鱼骨，江鱼见之泣。生身托鲫鱼，安能慎出入"；"血肉淋漓味足珍，一般苦痛怨难伸。设身处地扪心想，谁肯将刀割自身？"；"千百年来碗里羹，冤深如海恨难平。欲知世上刀兵劫，但听屠门夜半声"。

我曾特意参观疯人院、老人院、医院、殡仪馆等，为体悟人生光鲜喜乐背后的另一面。在殡仪馆，见一老年逝者横陈，心生敬意，又生悲凉。敬意因为，逝者一生，无论贫富，无论贵贱，无论尊卑，无论如何，他都挺了过来，让生命之花长久绽放，从少年到青年至中年及老年。悲凉因为，最终，这朵生命之花还是谢了，来到殡仪馆，那里成了他人生不可或缺的一站。在那里，一位逝者的容颜已被粉饰过，但还是显得苍白，与盖在身上的白色布单交相衬映。见此情景，不知为何，我突然想起鸡、鸭、牛、羊、鱼、虾，脑中幻映出它们从生到死及成为尸体的一幕。想想，人与这些动物，从生死上看，有何不同？从遗体上看，有何不同？人死是尸体，鱼死与猪死也是尸体。鱼肉是鱼尸，猪肉是猪尸。人类对人尸多有畏怖恐惧之心，可奇怪，为何对牛尸、鸡尸就不怕，还敢食之，并食之有味呢？而在人类，有几人敢食人尸或人肉的？

对食肉者，弘一大师曾曰："恶臭陈秽，何云美味？掩鼻之心，为之堕泪，智者善思，能勿悲愧？"明代僧人宗林诗曰："鱼在水中生，人在水中死。食饵鱼上钩，失脚人下水。人死鱼腹肥，鱼死人口美。吁嗟鱼与人，恶乎不知此。"宋之守一诗曰："声与无声莫浪听，无声隐痛转惺惺。诸君下箸睁眼看，血肉团中有性灵。"

节庆的本意是为了庆贺又顺利过了一年、迎来新的一年、感恩过去的一年、祈福新年平安。因此，节庆之时，家家户户、老老少少应尽力积善积德。可是，多数家庭或个人却在节庆屠命食尸，与节庆的本意或气氛如何能够相应？如何能够达到节庆的良愿与效果？

"谁道群生性命微？一般骨肉一般皮。劝君莫打枝头鸟，子在巢中望母归。""叶叶东风杨柳青，青骢得得傍花行。劝郎收却金丸弹，留个莺儿叫一声。""教训子女，宜在幼时。先入为主，终生不移。长养慈心，勿伤物命。充此一念，可为仁圣。""飞来山鸟语惺惚，却是幽人半睡中。野竹成荫无弹射，不妨同享北窗风。"

　　佛教总认为，素食的营养并不差于荤食；从人类的牙齿与肠道来看，人类本身就应食素；食素也符合自然和社会的规律。这几年，国内经济发展，人们生活水平提高，食素也开始成为一种时尚与潮流。这是好事，也是必然。

　　苏东坡说："口腹贪饕岂有穷，咽喉一过总成空。何如惜福留余地，养得清虚乐在中。"愿如弘一大师所愿："盛世乐太平，民康而物阜。万类同喁喁，同浴仁恩厚。昔日互残杀。而今共爱亲。何分物与我，大地一家春。"

六十二、静凝水晶球

法会期间，主法之外，闲得无一事，浏览了一叠古书。

每日早起，空气清新，身心清凉，而庭前花影摇乱，千年古石槽中，红鲤数只，悠游自在。其韵其致，仿佛月下桃花源谷。

踱上石阶，落步石雕群像之苑，劲松之下，栖坐一隅，身思静，心思定，绝尘虑，禅境起。

时余，寺之钟鼓声渐远，梵音渐如丝缕。

回到丈室，静凝眼前的水晶球，仿佛有老僧由远而近，由近而远……

那老僧，精进过，松懈过；沉过，浮过；得过，失过。他悲，他喜；他哀，他乐；他欣，他愁。他说因缘，因果；他说无常，苦空。

他向往安心，放下，向往自在，解脱。一如云烟，一飘而过；一如雷电，一闪而过。他很明了，无论怎样，对这个世界，对这个人生，都不必计较，皆无须执著。近半甲子的静凝，让他知了，只有慈悲常青，只有智慧常绿，只有良善才光辉不尽，只有善美才光明永恒。因此，他学会了宽恕、包容，也学会了忏悔、自省。

"空手把锄头，步行骑水牛。人从桥上走，桥流水不流。"

被线从水晶球移至另一叠古书，书中傅大士的这首偈语令人击掌叫好。

而义玄禅师与凤林禅师的对偈更令人破颜微笑——

凤林禅师说："海月澄无影，游鱼独自迷。"

义玄禅师答："海月既无影，游鱼何得迷？"

凤林禅师说："任张三寸挥天地，一句临机试道看。"

义玄禅师答："路逢剑客须呈剑，不是诗人不献诗。"

不觉间，晨月隐去，旭日高升，侍者敲门三下，这是在通知我，又一场殊胜法会的主法时间快到了。

六十三、亮起心灯一盏

有了白天，就不可避免有黑夜。

有了太阳的暖，就不可避免有月亮的冷。

未来的路，无论走得平坦或崎岖，总将继续延伸。

没人告诉我们，前去哪里是壑？哪里是桥？

人生，是一块跷跷板，压下这头，起了那头；压下那头，起了这头。

我们，可以纯真，想象花是红的、草是绿的，但不要忘了，叶是黄的，树是枯的。

曾经，我以为地球是圆的，海洋是平的，马儿会跑，鸟儿会飞……岂知，还有例外。

我总以为，我是南方的凤凰，非梧桐树不栖，非竹实不食，非甘泉不饮。但有人告诉我：你不是凤凰，你贪恋腐鼠的臭肉。

我很愕然，很沮丧，很惭愧，因为这说明，我做得不好。

一直以来，我喜诵佛陀之言如斯：

"吾视王侯之位，如过隙尘；视金玉之宝，如瓦砾；视纨素之服，如敝帛；视大千世界，如一诃子。"

难道我喜诵的入了口，没有入了心？

如果曾经的檀香，因为没有香炉，没有点燃，如果曾经的上等香炉，因为没有上品的檀香，因而不香，那么就让炉与香俱去。

今天，我要点起心灯一盏。

让我，把心灯点燃——

照亮心中的路、心中的山河、心中的世界。也因此，点亮我失明已久的眸子，照澈我自己。

本来无一物，何处惹尘埃？

别了，陆九渊，那个曾经让我惭愧的榜样：不求声名，不较胜负，不恃才智，不矜功绩。

从此，万里长空，一朝风月，做回镜中花、水中月、山中雾、空中云。

六十四、禅是一种艺术

佛陀拈花，迦叶微笑。

花开觉者手，笑绽圣者容，这是一种怎样的景象与境界？

深秋，满山青翠，又满山金黄，漫步在古木栈道上，偶然一瞥，眼前一位禅者，静默着，袈裟飞扬。

禅，是一种艺术。

禅者，是一类艺术家。

曾经，我徜徉在柬埔寨的吴哥窟，在那典型的吴哥的微笑前，我不禁陷入了无所思，仿佛潜意识中，只有吴哥的微笑，如禅花一朵。我也曾徜徉于缅甸的蒲甘，在那古塔的内巷道中，每一次徐行，都陷入时空两失之中。我也登过斯里兰卡的灵鹫山，在那山巅一览群山，想到佛陀当年也曾站在那里，以其大雄之力拯救苍生，我既心生感慨，又物我两忘。我亦曾影落中国的敦煌石窟与沙漠、呼伦贝尔的大草原、三亚的碧海与古刹，斯地斯处，也都使我有言语道断之感。

禅，无处不在，无时不有。

就看，我们是否有禅心。

禅，是心灵与自然之道的艺术化彰显。

禅者，是禅艺术的发现者、挖掘者、欣赏者。

走在峰高气清云淡山翠的木栈道上，我尽量放慢脚步，感受呼吸，纯净意念回归心灵，一举手一投足，自然、无心，即便偶尔有了思绪，也只飘落在山间、旷野。

只是当我淡写轻描这些文字时，迦叶是否还在微笑？佛陀是否还在拈花？但我，无论如何，还是感受感知到了拈花微笑的余韵深长。